中华先烈人物故事汇

彭雪枫

军事科学院解放军党史军史研究中心

学习出版社

中华先烈人物故事汇《彭雪枫》编委会

目　录

Contents

引子

彭雪枫，是一位深受群众爱戴和官兵敬重的无产阶级革命家、军事家，文武双全，军政兼优，是一位杰出的抗日民族英雄，是中国工农红军和新四军高级指挥员。

1907年9月9日出生于河南省南阳市镇平县。1912年年初随祖父彭汝澜读书识字、练拳习武。

1921年秋，他千里迢迢投奔在天津做小职员的伯父彭延庆，同年考入南开中学。

1922年秋，在族叔彭禹廷的帮助下，彭雪枫到北平进入陆军第11师官佐子弟育德学校（后改称育德中学）。

1925年6月，彭雪枫加入中国共产主义青年团。

1926年9月彭雪枫转入中国共产党，后入北平汇文中学读书。1927年春，参加北平南苑农民暴动。

1928年年初，南苑暴动失败后，彭雪枫复返天津做秘密工作。1929年9月，被派到山东烟台地方军阀刘珍年部做兵运工作。

1930年5月，彭雪枫被派到鄂东南红5军第5纵队工作。7月攻打长沙时，率部首先攻入城内。长沙战役后，彭雪枫先后调任红8军第6师和第2师政治委员（以下简称政委）。

1930年12月，彭雪枫第一次见到毛泽东，现场聆听毛泽东“集中优势兵力，歼灭敌人一部分，一口一口地把敌人吃掉”战术原则的阐述。

1932年9月，在江西乐安，时任红2师师长的郭炳生企图带一个团叛变，彭雪枫亲往追赶，经过5天5夜的飞奔，粉碎了郭炳生率队叛变的企图，成功地处置了“乐安事变”，挽救了部队，荣获一枚二等“红星奖章”。

1933年11月，在第五次反“围剿”中，彭雪枫的师指挥部在抚州八角亭遭国民党军包围，他率师通信排发起反冲锋，击退国民党军，转危为安。此战彭雪枫身受重伤，被送到后方医院接受治疗。

1934年春，彭雪枫伤愈后被调往瑞金红军大学学习，并任红军大学政委。同年夏，调任中央苏区江西军区政委。8月，彭雪枫调任红6师师长。中央红军主力长征后，彭雪枫调任中央红军第1野战纵队第1梯队队长兼政委。遵义会议后，彭雪枫又调任红三军团第5师师长。

1935年2月10日，红5师缩编为红13团，彭雪枫改任团长。他率部主攻娄山关，重占遵义城，为取得遵义战役的胜利作出了贡献。四渡赤水后，彭雪枫率部跟随红军继续北上。他率领红13团渡过金沙江，横渡大渡河，翻越雪山，走出草地，仍然担负着艰巨的前锋任务。

1935年9月18日，红一方面军主力到达哈达铺，随后正式宣布成立中国工农红军陕甘支队，下辖3个纵队。10月彭雪枫任第2纵队司令员。10月21日，彭雪枫等指挥第2纵队，与第1纵队一道，取得吴起镇战斗胜利。至此，历时1年纵横11个省行程二万五千里长征胜利结束。

1935年11月红军改编，宣布恢复红一方面军番号，下辖第一军团、第十五军团。彭雪枫任红一军团第4师政委。

1936年2月，彭雪枫和师长陈光率红4师随红一方面军主力东征，深入发动群众，猛烈扩大红军，广泛筹集资财，宣传抗日主张。同年5月，彭雪枫奉命进入红军大学学习。

1936年9月，彭雪枫被派往太原等地进行抗日统一战线工作。后任八路军总部参谋处处长兼驻晋办事处主任。1938年春，调任中共河南省委军事部部长，组织训练抗日武装。同年9月，组建新四军游击支队，任司令员兼政委，率部挺进豫东敌后，领导开辟豫皖苏边抗日根据地。

1940年2月，新四军游击支队改编为新四军第6支队，彭雪枫任司令员兼政委，共辖15个团、1.78万人。

1940年6月，八路军第2纵队一部南下与第6支队会师，加强了豫皖苏边的军事实力。7月初，经中央军委批准，八路军第2纵队的第344旅、新编第2旅主力与新四军第6支队主力合编为八路军第4纵队，辖4个旅、1个保安司令部，彭雪枫任司令员，黄克诚任政委。

1941年1月，八路军第4纵队奉命改编为新四军第4师，彭雪枫任师长兼政委。1942年兼任淮北军区司令员，领导淮北根据地军民同日伪军及国民党顽固派军队进行艰苦斗争，取得多次反“扫荡”的胜利，巩固发展了淮北抗日根据地。

1943年3月，彭雪枫奉命指挥第4师主力，在第2师、第3师各一部的配合下，对盘踞山子头地区之韩德勤顽军展开自卫反击，俘韩德勤以下官兵1000余人。

1944年8月，彭雪枫执行中央关于向河南敌后进军的指示，指挥所部进行西进战役。9月11日，在河南夏邑八里庄指挥作战时壮烈牺牲，年仅37岁。党中央和八路军总部在延安为他举行了隆重的追悼大会，毛泽东等领导人称赞他“功垂祖国”“泽被长淮”“是共产党人的好榜样”。

01

文武全才 “小诸葛”

少年豪侠

彭雪枫原名彭修道，乳名隆兴，1907 年 9 月 9 日出生在河南省南阳市镇平县七里庄一个耕读世家。祖父彭汝澜，粗通文墨，喜欢拳术，是个颇有见地、有涵养的人。彭雪枫自四五岁起，便跟着祖父读书习字，听他讲《三国演义》《水浒传》《杨家将》和《说岳全传》的故事。祖父绘声绘色的讲述，让他听得痴迷，他想：“诸葛孔明真聪明，他那把能摇出锦囊妙计的羽毛扇，我要是有就好了。”

祖父十分自豪地说：“别忘了，这孔明先生还是咱南阳卧龙岗人，和咱是老乡呢！”

“孔明真厉害，谁干坏事都瞒不过他，他的武功一定很高，会‘飞’吗？”“孩子，人家诸葛上知天文，下知地理，人家凭的可不是腿上功夫，要想成就大事业，不能光练‘一人敌’，重要的是学会‘万人敌’。”彭雪枫挺有志气，每天天不亮就自觉跟随祖父彭汝澜练武，寒暑易节，从不间断。祖父对彭雪枫要求近乎苛刻，他把威严和慈爱交织在一起。彭雪枫是个爱较真的孩子，祖父交代的话，他都会一丝不苟地照着去做，而且做得很认真。在练武过程中，他每天早练晚学坚持不断。为了练习快跑，他在小腿肚上裹上铅丸，长跑中，铅丸磨破了腿上的皮肉，他也没叫声苦。为练习骑马技巧，他从马背上摔下来摔断了胳膊，也不放弃。

彭雪枫还没到上学的年龄就能熟读《三字经》《千字文》《百家姓》和《出师表》等。他不但说话头头是道，而且还能写好多汉字，左邻右舍都夸赞彭汝澜教育有方，纷纷让自己的孩子以彭雪枫为榜样。伯父见彭雪枫天资聪颖好学，便嘱咐彭雪枫父亲彭延泰送他到镇平县城仓房街初级小学读书。

彭雪枫勤奋刻苦，学习成绩优秀，1919 年免试升入镇平县察院高等小学读书。良好的家庭教育和中国传统文化的熏陶，为彭雪枫的成长奠定了坚实的基础。

彭雪枫的少年时代，是近代中国革命风起云涌的时代，同时也是中国最黑暗的时期。军阀混战，土匪横行，民不聊生。在彭雪枫的家乡宛西一带也是“豪强”并起，土匪们啸聚山林，为害一方，还时常窜入村庄，不是抢东西，就是拉牲口，还向老百姓要钱要粮，害得百姓苦不堪言。

有一年的春天，又有一“杆”土匪窜到了七里庄，村头顿时枪声大作，火光冲天。听说土匪进庄了，村里的男女老少纷纷向村外逃去。彭雪枫的父亲也带着全家跑到村外的茂密树林里隐蔽起来。这时，彭雪枫忽然想到村里寡居的李奶奶还没有出来，他担心李奶奶受到土匪的伤害，于是不惧危险，又跑回到村子，拉着李奶奶来到村外，直到把李奶奶安置到安全的树林里才离去。事后，李奶奶逢人便夸彭雪枫心眼好。村子里的大人们听说了这事后，都说他“人小心大”，将来定能成大器。

彭雪枫在镇平县察院高小读书时，不但是个勤奋好学的“模范娃”，也是一个机智勇敢、疾恶如仇、正义感强的阳光小少年，每当遇到不公平的事，他都要奋不顾身地上前去管一管。

班里有个地主的儿子，经常拿着像望远镜这样的“洋玩意”，向班里的同学们夸耀自己家里富有，但又不许其他的孩子观看，以示对这些穷苦孩子们的鄙视。彭雪枫很是看不惯他的这种行为。有一次下课后，那个地主家的儿子再次摆弄他的“洋玩意”，还故意戏弄别的同学，彭雪枫实在是忍不住，走上去一拳头将他打倒在地，替穷人家的孩子们痛痛快快地出了一口恶气。

有一天，彭雪枫和二弟宝兴去县城办事，走到一家玉石铺门前，只见一个老者扯着一个差役苦苦哀求：“那‘透光玉’‘点翠玉’是俺的珍贵家当，你就行行好留下，拿点别的吧！”差役一脚踢在他的身上：“滚开！老东西，你活得不耐烦了，我拿你的玉是看得起你，这是拿去孝敬县太爷的，如不识相，我就把铺子给你查封了。”老者的手扯得更紧了，哭着说：“这是我们一家老小的命啊，官爷，您就行行好吧！”周围群众慑于差役的淫威，只是小声指点议论，敢怒不敢言。

“慢着，把东西放下！光天化日之下，真比土匪还土匪！”彭雪枫挺身而出。

“你……你是谁……敢来这里管老子的事。”差役见是一个小孩子，不屑一顾地骂道。

彭雪枫不由分说，上前猛地反剪差役的双手，双腿一用力，刚才还耀武扬威的差役就半跪在地上动弹不得，彭雪枫接着一使劲，两块宝玉从差役紧攥的双手里滑落下来。

老者连忙拾起两块宝玉，不禁老泪纵横：“这是我的命啊……这是我全家的命根子呀！”

彭雪枫往前一推，那差役结结实实地来了个狗吃屎。彭雪枫跨前一步，抓住差役的头噼里啪啦的就是几个耳光。

“好汉少爷饶命！好汉少爷请饶命！”差役一边磕头，一边不断求饶。

“暂且给你点教训，下次再让我碰见，定不饶你！滚！”

差役歪歪斜斜地爬起来，捂着半边脸狼狈而

去。围观的群众齐声喝道:“打得好，打死这害民贼！”

那老者一下子跪在彭雪枫面前:“多亏恩人啦！要不然我全家就……”彭雪枫赶紧拉住他:“老人家且莫如此，只是这差役太可恶，你以后要小心点呀！”

求学之路

1920年秋，豫西南一带久旱无雨，庄稼几乎颗粒无收，许多农民为求生计不得不背井离乡，外出逃荒。彭雪枫也因荒年歉收，家庭经济拮据而辍学。祖父怕耽误孙子的前程，就让彭雪枫投奔在天津南开中学奉职的伯父彭延庆，在那里当旁听生。彭雪枫于1921年秋到了天津，开始“不依靠家而去自力更生了”。不久，由于伯父家中生活困难，彭雪枫当旁听生的资格也失去了。他只好到外面打工，过上自食其力的生活。生性好强的彭雪枫并没有因此而气馁，他有点时间就专心致志地读书。他的这种不畏困难、矢志求学的精神，被在北平冯玉祥部任职的族叔彭禹廷发现。彭禹廷一向乐于“接济贫苦”和“延揽人才”，在镇平老家时已知彭雪枫少怀壮志且聪颖过人，遂决定让彭雪枫跟随他。

1922 年秋，在彭禹廷的帮助下，彭雪枫进入陆军第 11 师官佐子弟育德学校（后改称育德中学）学习。育德中学生活完全军事化，每天除学习普通学校的课程外，还要出操、打靶，进行野外战斗训练，日常穿军装，管理很严。彭雪枫非常喜欢育德中学这种艰苦、严格的军事生活，他刻苦训练，废寝忘食地读书，军事训练和学习成绩双双优秀，赢得了老师和同学们的交口称赞。

没过多久，由于族人的嫉妒和反对，彭禹廷不得不停止对彭雪枫每月 3.5 块钱的资助，他将再次面临失学。这事被育德中学校长余心清知道了，他不忍心像彭雪枫这么优秀的学生失去学习的机会，于是决定让彭雪枫在育德中学的附属小学每周教 7 小时的国文，以换得每月 10 块钱的报酬，维持学习的费用。彭雪枫更加珍惜这次学习机会，他在家书中写道:“我怎么能够忍心不苦读呢?一面放哨，一面偷偷读书是常事。追求知识如饥似渴，几乎见书必读，逢报必看。”

彭雪枫在育德中学读书期间，正值国民革命蓬勃兴起之时。1924年1月，第一次国共合作正式形成，大革命潮流猛烈冲击着古都北平。在进步教师的教育帮助下，彭雪枫阅读了《共产党宣言》和《新青年》等革命书刊，开始接触马克思主义。

1925年5月30日，上海工人、学生举行了声势浩大的街头宣传和示威游行。当游行队伍走到繁华的南京路时，遭到了租界英国巡捕的无理阻挠，他们对游行队伍开枪射击，打死学生、工人等13人，伤者不计其数，造成了惨案。当晚，中共中央召开紧急会议，决定利用这次事件，将革命斗争扩大到社会各阶层的民众中去，号召上海人民举行“三罢”活动，抗议帝国主义的屠杀行径。6月初，这一运动得到了全国人民的声援和支持。北平在李大钊等中共负责人领导下，也很快组织起数万学生走上街头，抗议帝国主义侵略者残杀中国爱国民众的暴行。

育德中学的广大师生也积极行动起来，大家一致推举彭雪枫为代表，向学校申请成立学生会，开展爱国运动。申请很快得到校长余心清的同意和支持。同学们又公推彭雪枫为学校学生会会长。在彭雪枫的带领下，育德中学的师生们一路高呼着“打倒帝国主义”“打倒国民党反动派”等口号，走上街头开展游行宣传活动。

随后，彭雪枫还将同学们分成几个小组，安排他们深入农村、工厂、街道等地，组织召集群众开会，发表演讲，揭露帝国主义暴行，启发群众的反帝觉悟。彭雪枫在这次运动中积极热情、有勇有谋的出色表现，引起了共青团北平地委书记唐从周的注意。经过多方面的考察，1925 年 6 月，经唐从周介绍，彭雪枫加入中国共产主义青年团。

1926 年春夏，奉系军阀和晋系军阀联合发动反冯玉祥西北国民军的战争，冯玉祥所部退往西北绥远一带。冯玉祥被逼下野，远赴苏联学习考察。育德中学也被迫随西北国民军西撤绥远。当时，校长余心清离校赴美，学校无人主持，以彭雪枫为首的学生会担负起组织几百名老师和同学撤退的任务。

彭雪枫以学生会会长的身份集合全校师生说："当前我们正处在最困难的时候，大家一定要服从命令听指挥，我们要做一名优秀的育德中学学生，安全到达目的地，开始我们新的航程。大家团结起来，咬紧牙，共同渡过难关。"

彭雪枫把同学们分班编组，相互帮助和照顾。火车在寂寥的原野上向西北缓慢爬行，一路上，同学们啃干馒头、吃咸菜。闷罐子车厢里时冷时热，冷的时候，彭雪枫就指挥大家挤在一起，相互用身体取暖。寂寞的时候，他就给大家讲故事，和大家一起唱歌，活跃气氛。有些同学不适应塞外干冷的气候生了病，彭雪枫不停地送水送药，自己很少休息。

同学们历尽艰辛到达绥远，仅仅过了半年多相对稳定的学习生活，由于国民军作战失利，部队被迫再次撤至甘肃等地，绥远被晋军商震部占领。由于国民军的仓促撤退，育德中学没来得及随军西撤，许多教师只好纷纷离校，不少学生也随家长离开了绥远，剩下的200多名师生被遗弃在归绥（今呼和浩特）旧城的一座破庙里。这批流落异乡的青年学子衣食短缺，一时陷入困境。

党组织始终关注着彭雪枫这位具有强烈正义感的进步青年。1926年9月，彭雪枫转为中国共产党党员。作为一名党员，他更加感到肩上的责任。于是，彭雪枫以学生会会长的名义，带领同学王志远等人找到商震进行交涉，要求接济给养，帮助同学们返回北平。彭雪枫义正词严地对商震说："贵我两军交战，当与求学学生无碍，当前南方革命军已誓师北伐，人民一呼百应，一路势如破竹，冯将军亦在归国途中。时局定会有变，盼将军三思，给我们洞开方便之门，冯将军如闻之，定当感激不尽。"

彭雪枫的一番话，使商震心里暗暗吃惊。

他接着又说："我们素闻将军一贯爱戴百姓，决心救民于水火。此次晋冯相争，想来也绝非将军的心愿。何况，将军初到绥远，正有待于在民众中做出有影响的事来，以树立晋军的声望。如果将军对育德中学的孩子们都置于不顾，那又岂是将军的本意？更何况，如果真让这些学生们听之任之，使他们走投无路，流落社会，也将给将军带来不好的影响，想来这更非将军的初衷，望将军深思！”

商震听彭雪枫说得句句在理，又迫于革命形势迅猛发展，最终答应彭雪枫的要求，为学生提供路费，使200多名同学得以顺利地返回北平。

回到北平后，大部分同学分别转入汇文中学和今是中学继续学习。彭雪枫在汇文中学教务主任周祝三的帮助下，进入汇文中学读书。他一边坚持求学，一边从事党的工作，担任了汇文中学党支部书记。

10月底，为配合北伐军向武汉等地的胜利进军，反抗北洋军阀政府镇压学生运动，在中共北方区委和李大钊的领导下，北平学生运动迅速发展起来，示威游行和罢课运动达到高潮。而汇文中学的斗争，因受到校长高凤山和学生会会长（一个牧师的儿子）的反对和阻挠，一直开展不起来。

彭雪枫向学校提出罢免学生会会长的要求，同时，让王志远等人代表全体同学同校长说明当前的革命形势，经过一番斗争，最终迫使高凤山同意改组学生会，罢免了原学生会会长。这样一来，汇文中学的学生运动迅速发展起来，并很快成为当地学

打倒軍閥政府
倒張作霖
打倒帝國主义

运的中心之一。在彭雪枫的带领下，同学们组织起来纷纷走向街头参加游行示威，他们冒狂风，踏冰雪，在寒冬深夜把“打倒张作霖”“打倒军阀政府”“打倒帝国主义”等革命标语贴到崇文门的城门上。

反动警察机关发现彭雪枫等人的革命活动后，派人到学校搜捕。1927 年年初，党组织考虑到彭雪枫的安全，安排他离开汇文中学，秘密转入北平今是中学，担任该校学生自治会会长和党支部书记，开展秘密工作。

转战千里做农运

1927 年 3 月，中共北方区委领导北平南苑农民暴动，彭雪枫被指派参加南苑暴动。暴动失败后，张作霖在北平实行白色恐怖，疯狂屠杀共产党人和革命群众，北平党组织遭到破坏。彭雪枫遂于 4 月底离开北平来到天津，寄住在伯父彭延庆家里，这样也便于开展党的秘密工作，往返于北平和天津之间。

为了摆脱经济和生活上的困境，他开始埋头“整理”和“改削”在绥远时所作的塞外游记旧稿，并投诸报刊，过了近半年的“卖文章”的日子。他写的长篇散文《塞上琐记》，连续发表于《国闻周报》，生动地描写了塞外风光、风俗人情，抒发了他热爱祖国的壮志豪情。

他这样整天东奔西走，冒着风险来去无常，又无固定的工作，因此，引起了伯父彭延庆的误解。一天，彭雪枫刚从外面回来，伯父见到他就说：“修道，你整天不着家，在外面跑去跑来的，现在世道这么乱，多危险啊！你还是找个安定的工作，挣一点钱来接济一下家庭。”彭雪枫听后感到很愧疚，自住到伯父家里以来，很少给家里钱，全靠着伯父养活自己。但一想到那么多党的同志连自己的生命都不顾，不都是为了更多的家庭吗？他耐心地对伯父说，“革命为的就是顾千家万家”，“既要革命，就不怕危险”。

1928 年仲秋，彭雪枫和赵子众、牛连文、张维瀚等一起，考入开封训政学院政治专修班学习。该院院长是原育德中学的校长余心清，学员多为政界旧人员，像彭雪枫等革命青年只占少数。

1929年5月，原西北军将领、河南省主席韩复榘投靠了蒋介石，一时间风云突变，河南处在反动统治之下，训政学院停办，彭雪枫等革命青年随时有被捕的可能。6月，彭雪枫怀着惆怅的心情回到北平。9月，彭雪枫考入了北平民国大学文学系。但因经济困难，他未能入学。9月中旬的一天，中共组织鉴于彭雪枫目前的生活困难情境，决定让他仍然回天津。于是，彭雪枫再次到伯父的家中住下。没过几天，由于地下工作的需要，彭雪枫搬到天津的法租界里住下，与五六个革命青年同住一起。

一天，彭雪枫有事外出，其他几名青年突然遭到逮捕。为了彭雪枫和天津中共地下组织的安全，中共顺直省委决定让彭雪枫立即启程，离开天津前往烟台，到山东军阀刘珍年部做兵运工作。

9月底，彭雪枫抵达烟台，与中共烟台军事特别支部接上关系后，被委任为刘珍年部政训处宣传股股长。彭雪枫在烟台期间，一方面以政训处为阵地，利用各种机会向青年军人宣传革命思想，发动士兵与侵吞薪饷、胡作非为的军官作斗争；另一方面还担任烟台平民夜校女校教员，按党组织的要求开展社会宣传工作、发展党的组织。

彭雪枫是个注重教学方法的人，他的开场白一下子就引发了女工们的兴趣。

“我叫彭修道，和诸葛亮是老乡，南阳卧龙岗人是也。今后我将和大家共同学习文化知识。大家都知道诸葛亮战曹操、斗孙权、平西川、战司马，终助刘备三分天下有其一。他的‘诸葛草庐’就和我家邻近。只是我的智慧和这位大智大勇的先贤相差很远，我们以后学习中有讲得不到之处，你们尽管批评……”

彭雪枫等共产党人在烟台刘珍年部的活动，引起了国民党特务的注意。蒋介石接连密电刘珍年，指责其“包庇共产党”,令其“必须即时严加禁绝”。彭雪枫等人遂被迫离开刘珍年部，被中共烟台特支派往烟台近郊的福山古现一带，以教小学做掩护进行农运工作。他以小学教员的身份经常深入农村，了解农民情况，创办农民夜校并以此为阵地，组织农民学习，教育农民提高觉悟，发动农民进行斗争。他编写的一首民歌便在这一带广为流传：

新军阀，瞎胡闹；
贴标语，喊口号；
救国救民做不到，
伸着巴掌把钱要。

此外，彭雪枫还利用地主向农民催交地租之机，秘密建立农会，号召农民起来反抗地主的剥削，抗租抗税。

尽管彭雪枫在古现开展地下工作时小心翼翼，但也引起了当地土豪劣绅的警觉，他们借助手中的权力，迫使学校“辞退”了彭雪枫。

1930 年 2 月间，彭雪枫离开烟台，乘船抵达上海，由中央军委另行分配工作。彭雪枫到达上海后，从 2 月至 4 月，受命以中央军委巡视员的身份到江苏省丹阳、镇江一带巡视，也做争取土匪武装的工作。

02 中央苏区展锋芒

首战长沙城

1930 年 5 月中旬，彭雪枫受中央军委派遣去鄂东南红 5 军第 5 纵队工作。

他从上海搭乘轮船溯江而上到达黄石港（今黄石市），然后进入鄂东南苏区。他在途中给学友路庭训写信，信尾署名“修道（雪枫）”。从此，正式改名彭雪枫。当时，由何长工、李灿领导的红 5 军第 5 纵队就在黄石附近的大冶、阳新一带活动。彭雪枫到红 5 军第 5 纵队任该纵队教导队第 3 大队大队长。6 月 10 日前后，在彭德怀主持下，红 5 军军委扩大会议在湖北大冶西南边界刘仁八村召开。根据中共中央指示，决定以红 5 军为基础，成立红军第三军团，彭德怀任总指挥，滕代远任政委，邓萍任参谋长，袁国平任政治部主任。军团下辖第5、第8两个军，红8军下辖3个纵队，彭雪枫升任第1纵队副政委。

6月13日，红三军团抓住湘鄂赣边国民党军兵力空虚的有利时机发动攻势作战，一举击溃国民党第20军2个团，攻占大冶县城和长江南岸重镇黄石港。7月4日，红三军团向岳阳发起攻击，经过2小时激战，歼灭国民党守军2个营，攻占岳阳。缴获大批武器弹药和军需物资。打下岳阳后，红三军团又立即主动撤出岳阳，重返平江苏区进行休整，并进行改编。军以下纵队、支队改为师、团建制，红8军下辖第4、第6两个师，彭雪枫任第6师副政委。

这时，国民党第4路军总指挥何键，获知红三军团主力到达平江的消息，匆忙从衡阳调第19师55旅到长沙，会同留守长沙的第15师第45旅等部共约7个团的兵力，向平江县城推进，企图先发制人，一举消灭红三军团，以解除对长沙的威胁。

红三军团获知情报后，立即做好在平江城外迎击敌军的准备，并计划在击退敌军进攻后乘胜向长沙进攻。7 月 23 日拂晓，先头第 55 旅进到平江城西南 15 公里的晋坑、三角塘一带。后续部队第 45 旅等部进到金井、春华山一线。彭德怀抓住敌人呈一线部署、兵力分散的弱点，决定集中力量，首先歼灭其先头部队，然后跟踪追击。7 月 25 日，红三军团向晋坑之敌发起进攻，以一部兵力从正面堵截，以军团主力和湘鄂赣边红军独立师从两侧实施包围攻击。经过激烈战斗，歼敌第 55 旅约 1 个团，其残部逃向金井。

7 月 26 日，彭雪枫所在的第 6 师和第 4 师抄小道首先攻入长沙门户金井，同国民党军第 45 旅等部 4 个团相遇。何键亲临金井督阵。

红军战士得知这位双手沾满共产党员鲜血的刽子手就在金井后，无不义愤填膺，奋力与国民党军展开搏杀。激战中，第 6 师政委郭一清和第 4 师师长何时达先后壮烈牺牲，巨大的悲痛让彭雪枫和战友们怒火中烧。在彭雪枫与师长陈毅安和第 4 师政委石恒中的率领下，红军战士一轮又一轮地进攻，一排排愤怒的子弹射向敌人。第 6 师的勇士们率先突入敌人防御阵地后，敌军迅速土崩瓦解，残敌潮水般向长沙城内溃退。

第二天，总攻长沙的战斗打响前，彭雪枫被任命为红 6 师政委。他满怀激情地向全体指战员做了总攻前的总动员，进一步激发了红 6 师官兵们高涨的情绪，他们跟着彭雪枫振臂高呼：

“打进长沙去，活捉刽子手何键！”

“为死难的烈士报仇！”

“为郭政委报仇！”

……

战斗打响后，红 6 师和红 4 师分别对长沙城采用强攻、爆破等手段，从上午 10 时起，连续进攻 10 多个小时均未见效，最后不得不冒着守军猛烈炮火，架云梯登城。晚 8 时，由第 6 师组成 300 余人的敢死队，在彭雪枫的率领下，相继突破小吴门、四十九标后，在浏阳门率先登城，然后一举突破了城门，部队迅速冲入长沙市区。

经过一番激战，红军一举占领了国民党湖南省政府。接着，又迅速追击逃敌。

何键被吓得夹杂在败军中，惊慌失措地登上军舰狼狈逃命。彭雪枫率部猛追至湘江东岸，而此时载有何键的兵舰刚离开江边百余米。

彭雪枫以勇敢机智的作风崭露头角，彭德怀对彭雪枫赞扬道："彭雪枫勇敢坚定，机智灵活，以少胜多，以劣胜优，值得大家学习。"蒋介石不甘心在长沙的失败和长沙城丢失，纠集英国、日本等帝国主义的军舰和数倍于红军的国民党军，在何键的指挥下向长沙合击。8 月 5 日，红三军团被迫撤离长沙城。当红军主力撤出后，发现军团政治部和省苏维埃政府机关尚未撤出长沙城。彭德怀派出 2 个连阻击北进之敌，又集中 1 个师主力突击南进之敌，同时命彭雪枫率第 6 师一部回城接应。彭雪枫临危不惧，率领部队冒着敌人猛烈炮火，又进入城内，掩护机关人员和群众顺利撤离。

初见毛委员

1930 年 12 月的一天，彭雪枫正在屋里看书，突然听到外面一阵沸腾的声音，大家又是鼓掌又是欢呼的。他赶紧走出来看个究竟，只见彭德怀站在院子中央，周围被大伙给围了个水泄不通。彭雪枫快步走上前去，问一个战士说："今天这是怎么了，大伙这是干什么呢？"小战士高兴地说道："彭政委，你还不知道吗，刚才彭司令说过几天毛委员要来参加咱们的会议了。"彭雪枫听后异常兴奋，心中的喜悦之情难以抑制。在盼望了若干天以后，12 月下旬，红三军团团以上干部会议在小布召开。彭雪枫参加了这次会议，并首次见到仰慕已久的毛泽东，聆听了他的讲话。

会议结束后，彭德怀向毛泽东一一介绍了在场的干部，毛泽东亲切地与大家一一握手。当毛泽东走到彭雪枫面前时说道："你好啊！小彭同志。早就听说你的大名了，今天我们终于见面了。"彭雪枫一愣，心想："自己刚参加红军没多久，毛委员怎么知道自己呢？"毛泽东看着彭雪枫疑惑的表情说："你首登长沙城的事迹我早就听说了，红军队伍中有你这样的人才，还愁打不倒敌人吗？"彭雪枫不好意思地说："毛委员过奖了，为国家和人民奋斗是我的光荣啊。”与毛泽东的初次见面，令彭雪枫印象深刻。

第二天，彭雪枫又参加了在小布召开的苏区军民歼敌誓师大会。毛泽东主持大会并题写了“敌进我退，敌驻我扰，敌疲我打，敌退我追，游击战里操胜算；大步进退，诱敌深入，集中兵力，各个击破，运动战中歼敌人”的大字对联。毛泽东还作了动员讲话，列举克敌制胜的有利条件：第一，我们军民一致，人民积极援助红军，这是最重要的条件。第二，我们可以主动选择有利阵地，设下陷阱，把敌人关在里面打。第三，我们可以集中优势兵力，歼灭敌人一部分，一口一口地把敌人吃掉。第四，我们可以察明敌军行动，摸清敌人行动规律，从而发现敌人的薄弱部分，拣弱的打。第五，我们可以把敌人拖得筋疲力尽，然后再打。第六，我们可以造成敌人的过失，乘敌之隙，加以打击。他号召苏区军民英勇战斗，为粉碎国民党军“围剿”，保卫苏区而奋斗。

毛泽东在军事上的独到见解，对敌情我情鞭辟入里的分析，使彭雪枫心明眼亮，受到一次深刻的教育，深有“听君一席话，胜读十年书”之感。

12 月 30 日，国民党军前线总指挥第 1 纵队司令兼第 18 师师长张辉瓒率部由龙冈向五门岭推进，刚进入狭窄山路时，突然遭到预先在这里设伏的红军居高临下的猛烈袭击，退路又被切断。战斗从上午 10 时开始，中午彭雪枫和师长郭炳生率红 6 师与军团其他部队全部投入战斗，激战至下午 6 时，全歼了第 18 师师部及其两个旅近 1 万人，活捉张辉瓒。

国民党军第 18 师主力被歼后，深入苏区的其他部队惧怕被歼，纷纷撤退。红军乘胜于 1931 年元旦转兵向东，追歼由源头东撤的谭道源第 50 师。红 6 师随军团主力由麻田经陂头北上，进攻东韶。1 月 3 日，第 50 师在东韶地区被红军歼灭一个多旅，残部狼狈逃往临川。彭雪枫等率红 6 师参加了东韶战斗，歼国民党军一部。

在 5 天内，红一方面军连续打了龙冈、东韶两个大胜仗，共歼国民党军一个半师 1.5 万多人，缴获各种武器 1.2 万余件，胜利地粉碎了国民党军队的第一次“围剿”。

勇救红5团

1931年9月，第三次反“围剿”取得重大胜利后，彭雪枫任红三军团第2师政委，他和师长郭炳生率领部队打土豪分田地，广泛发动群众筹款筹粮，不断壮大红军队伍，巩固和扩大苏区阵地，以应对敌人更大规模的“围剿”。

1932年春节前夕，红2师接到中革军委的指示，要求他们协同兄弟部队攻打赣州城。

2月3日，除夕的前两天，彭雪枫和师长郭炳生带领部队悄悄进入赣州小南门外的白云山，准备在这里秘密挖掘坑道，挖至城下实施爆破。

2月上旬，彭雪枫部在南门挖坑道，由于地势低、水位高，屡挖屡垮，先后实施3次爆破，均没有将城墙炸开。彭雪枫果断下令：架云梯登城！红2师战士在炮火掩护下，在城墙上搭起一架架云梯。然而，敌军凭借坚城顽抗，一批批战士攻上去，又随着云梯被炸而纷纷落下！攻城被迫停止。

蒋介石也不甘心赣州失守，他急忙电令陈诚火速增援，确保赣州万无一失。

3月7日，部署在双佛岭地区的国民党第11师第62团由杨梅渡强渡章水，从侧后向红2师阵地发动突袭。红2师指战员由于连日来疲劳作战，没有注意背后之敌，一时陷入危境。

彭雪枫看到四下里火光冲天，硝烟弥漫，国民党军从四面赶来，红2师部队来不及集结就被冲散。他一个箭步跨出指挥所，不远处敌军的子弹在他身旁发出尖厉的声音。他一边匍匐着贴地前行，一边观察部队的准确位置，很快便来到第7团阵地。第7团官兵正猛烈地向敌军开火。团长龙昌汉、政委李志民见彭雪枫赶来，焦急地问："5团可能已被敌军围困，那边的枪声听着很激烈，咋办？"

彭雪枫果断地说："我们必须冲进去救5团，马上行动！"

彭雪枫观察了一下地形，说："分两部分行动，一小部分兵力佯攻以吸引敌人火力；主力从另一个侧面突袭。马上攻击！"

他率领第 7 团迅猛展开强烈攻势。被围困之中的第 5 团听见包围圈东北角枪声骤起，便知救兵已到，就势发起猛攻，这一线敌人在第 5 团、第 7 团的夹击下，包围圈终于被撕开一道口子。敌人更加疯狂地射过来密集的炮火，企图把第 5 团、第 7 团全部压回去。

“轰——轰——”炮弹在彭雪枫身边炸起，尘土飞扬，浓烟滚滚，他很快就摸透了敌人的企图，坚决果断地率领部队冲上了左边的一处高地，对敌人实施反击。国民党军倚仗人多势众，向这两个团发起轮番攻势，妄图一举把他们吃掉。

彭雪枫命令:“节省子弹，敌人冲到近前再狠狠地打，5 团掩护，7 团准备突围。”

第 5 团、第 7 团战士们很快稳定了情绪，在彭雪枫的率领下重振士气，向国民党军发动猛烈攻击，部队快速向白云山一线转移。国民党军依然紧追不放，彭雪枫率部边打边退，终于杀出一条血路。

这时，红军攻城部队主力及时驰援，截断了国民党军的攻击。

彭雪枫顺利把部队带到白云山附近地区休整，

为革命保存了力量，避免了第5团被围歼，受到毛泽东、朱德、周恩来的赞赏。但是，赣州攻坚战失利是“左”倾教条主义的战略方针所致，33天浴血奋战的红军将士最终不得不忍痛撤围，遭受重大损失！与前3次反“围剿”屡战屡胜的情形相比，彭雪枫更加相信了毛泽东战略战术的正确性和重要性。革命力量的相对弱小与敌军力量的依然强大是不争的事实，向强大的敌军盘踞的城市进攻，是否能最终取得革命胜利?

彭雪枫困惑着，红军战士困惑着。但是，彭雪枫坚信，道路是曲折的，前途一定是光明的，党和红军一定会赢得革命的最终胜利！

成功处置“乐安事变”

赣州撤围后，彭雪枫率部参加了乐安、宜黄战役，并攻入宜黄城，配合友邻部队俘虏国民党军5000余人。随后，奉命在乐宜地区休整，进行战前训练，准备再破国民党军的第四次“围剿”。1932年8月31日，彭雪枫接到侦察连报告，国民党军陈诚、罗卓英部，正调集重兵向我驻地步步进逼，新的大战即将来临。

9月初的一天，红2师师长郭炳生从红三军团部开会回到师部。刚一回来，他就愁眉苦脸地对彭雪枫说：“赣州失败后，听说蒋介石又要组织规模更大的第四次‘围剿’。眼看敌人大军压境，敌强我弱，难以抵挡。唉，我看这下革命算是完喽！我们不如拉队伍打游击去，这样硬撑着能有啥子出路？”

彭雪枫闻言正色道：“有我们党的领导，有我们周恩来总政委、朱德总司令的领导，再有我们红军将士的英勇战斗，一定会打败疯狂的国民党军！革命永远完不了，它会像烈火一样，烧掉旧世界，埋葬国民党反动派，带来全中国人民的翻身解放！”

郭炳生叹了一口气说：“雪枫同志，革命不是高喊口号取胜，不能只讲大道理，要看到我们的眼前是十分困难的。”

彭雪枫耐心劝导他道：“我们面临的困难是暂

时的，不利形势很快就会扭转，当前敌军进逼，在这紧要关头，更不能松懈斗志，涣散军心，我们一定要树立必胜的信念，坚决打败反动的国民党军……”

夜里，彭雪枫躺在床上，怎么也睡不着觉，他越想越感到有些不对头，于是他在征得师政治部主任李志民的意见后，第二天就将郭炳生目前思想波动情况向彭德怀等军团首长作了汇报。彭德怀听后，异常震怒，当即指派红三军团组织部部长黄克诚前往红 2 师，对红 2 师进行整顿。同时，还召开红 2 师团以上干部会议，对郭炳生的错误想法进行严厉的批评，郭炳生被迫在会上作了检讨。会后，针对红三军团存在的类似思想及其他问题，师领导分头下到各个团，帮助团队进行整顿。彭雪枫下到第 7 团，郭炳生下到第 6 团，李志民则下到第 5 团。彭雪枫、李志民下到团队后，指导部队整训，为干部战士鼓动打气，使部队树立了打败敌人的信心。

9 月上旬，当红 2 师正在进行整顿时，国民党军陈诚、罗卓英部突然向红 2 师驻地发动进攻。

战斗打响后，由于情况紧急，敌众我寡，且敌人来势凶猛。彭雪枫、郭炳生、李志民研究决定，迅速率领红 2 师分头转移。

当彭雪枫率师直属队和第 7 团辗转于深山丛林中向南突围，部队抵达江西军区驻地凤岗圩时，他考虑到这里一时还比较安全，遂派出侦察员，外出寻找红 5 团和红 6 团。但侦察回来的侦察员却带回了令人不安的消息。

原来，郭炳生带红 5 团和师直属特务连去向不明。郭炳生还向红 5 团干部战士散布谣言说，红 2 师主力已被消灭，政委彭雪枫也已阵亡。郭炳生的谣言纯粹是煽动性的，企图动摇红 2 师第 5 团指战员的军心。红 5 团战友们听后，起初还信以为真。

彭雪枫听到消息后，联想到郭炳生上次从红三军团部开会回来后的一系列思想波动情况，料想他可能会有不纯的动机。于是当机立断，迅速到江西省军区的机关驻地，找到江西军区总指挥兼政委陈毅，请求陈毅协同处理郭炳生的问题。

彭雪枫与陈毅经过一番周密计划后，为及时挽救红5团，他将红6团、红7团交给李志民带领，向东韶一带进发；自己则不顾安危，仅带一个警卫班，于9月5日潜行北上，前去寻找郭炳生和红5团。

此时，郭炳生已挟持红5团进入抚州的仁县境内，妄想着下一步北入敌占区的抚州，进而西渡赣江，则是很容易的事了。

情况危急，刻不容缓！

彭雪枫带领警卫班战士日夜兼程，忘记一路劳顿，一连5天，马不停蹄，脚不停歇，终于在9月9日傍晚遇到了红5团的前哨连。战士们远远看到师政委彭雪枫，激动地大声说："彭政委来了，彭政委来了，彭政委没有牺牲。"

前哨连的战士们呼啦一下子围住彭雪枫。一个战士说："郭师长说您遇难了，命令全团转道北上。"

"就是，我们以为这辈子再也见不到您了呢！"说着眼圈都红了。

彭雪枫说："我们红2师是永远打不垮的。走，带我去见郭师长。"

郭炳生一见彭雪枫，脸色立即就阴沉了下来，心里也咚咚直跳，强作镇定地说:“来了……传言说你们全团覆没，我根本就不信！”

几天的迷茫行军，战士们对郭炳生的反常举动也有所警觉，他们纷纷来看望彭雪枫并高声喊着:“回去，带我们回主力去！”

红5团指战员因彭雪枫的到来而欢欣鼓舞，他们连日来与上级失去联系，远离大部队，迷茫行军，彭政委再不来，可能天亮就进入白区了。郭师长到底要干什么呢？他们也不知道，只是一切行动听指挥，跟着郭师长盲目北上。如今彭政委赶来了，他们终于拨开云雾见青天了。

9月10日，红5团党组织在彭雪枫的主持下召开紧急会议，彭雪枫介绍了部队被冲散后的情况，大家一致决定立即南返与红6团、红7团会合，黄昏之后马上出发！郭炳生一言不发，于当晚趁夜色仓皇出逃，最终叛变了革命。何应钦给他个国民党军暂编第37师师长的头衔，让他率部攻击红军。1933年7月，他率部刚到中央苏区边缘，就被正义的子弹送上了不归路！

1932年9月中旬，彭雪枫率部到达东韶，红

颁奖大會

5团、红6团、红7团胜利会师！大家在历经又一次生死磨难后，在彭雪枫的带领下，重新凝聚在一起！部队休整期间，彭雪枫深入开展思想政治工作，红2师士气旺盛，斗志昂扬，战斗力大为增强。

彭雪枫在处理被称为“乐安事变”的郭炳生叛变投敌事件中立场坚定，见微知著，洞烛其奸，措施得当，干脆利落，受到周恩来、彭德怀、陈毅等领导的高度赞扬，并因此荣获一枚二等“红星奖章”。多年后，陈毅还就此事夸奖他说：“对于这件事，雪枫办得很好，挽救了部队，表现出了我们红军政工人员的领导作用。这个时候，我看出他应付事变的机警和能力。”

八角亭光荣负伤

1933年6月，红三军团在大湖坪整编，彭雪枫任红4师政委，师长张锡龙。11月，彭雪枫等率部在洵口、莲塘一带休整。这时党内的军事指挥权为“左”倾教条主义者所掌握，他们不顾中国革命的实际情况，抛弃了毛泽东等制定的正确的战略战术，提出了“御敌于国门之外”的错误方针，命令红军一再向敌军重兵盘踞的堡垒要塞发起进攻。红军屡次进攻受挫后，“左”倾教条主义领导者下达了红七军团袭击浒湾的命令。11月11日，萧劲光率部对浒湾发起攻击，不料反遭敌第36师和第4师的两面夹击，情况万分危急。

11日夜，彭雪枫奉命率部赶去增援。赶到浒湾时，国民党军第4师已退入八角亭堡垒内拼命顽抗，彭雪枫等命令部队来一个“跟踪追击，直捣八角亭”。将要进攻时，天色渐渐暗了下来。红4师发动了猛烈攻击，国民党军借助优势火力顽坚固守，战斗处于胶着状态，攻击难以取得理想效果。彭雪枫等下令停止进攻，研究更好的制敌办法。

当晚12时，就在彭雪枫与张锡龙研究如何发起冲锋最后攻取八角亭之时，军团来电，要求他们在次日拂晓结束战斗！接到命令，彭雪枫、张锡龙都很兴奋。张锡龙说：“敌军被我们团团围住，犹如惊弓之鸟，我们可以一举突破。”

彭雪枫略有沉思地说:“就来个瓮中捉鳖。”

他传达命令，作攻击总动员:

“勇敢坚决迅速！”

“拂晓前解决战斗！”

“只有向前没有后退！”

……

红军战士们纷纷表决心。

彭雪枫还亲自向国民党军阵地喊话，他大声说:“弟兄们，你扛枪打仗，不过是为反动派卖命，你们的兄弟姐妹、父母双亲不照样在家受压迫受剥削！受苦受累！咱都是穷苦出身，穷苦人不打穷苦人……”

一番番感人的喊话过后，国民党军阵地上的声音弱了下去。

战场出现了短暂的沉寂，这安静让人觉得马上就要爆发无穷的力量。彭雪枫和张锡龙握了握手，那必胜的信念在目光里交流！一颗红色的信号弹划过天幕腾空而起，红 4 师官兵如猛虎般冲出战壕，一排排手榴弹在敌群中炸开了花，震得大地簌簌抖动。黑夜里，官兵们端着闪闪发光的刺刀向国民党军阵地猛扑过去。

国民党军第4师是十分狡猾的，他们在红4师的攻击下意欲突围。彭雪枫在师指挥所一边收集战场情报，作进一步的指挥布置；一边在油灯下摊开作战地图凝神思索。突然，警卫员快步跑进来："报告，有股敌军向我师部周围袭来。"此时，外面手榴弹的爆炸声此起彼伏，火光映红了天地之间。

彭雪枫马上说："通讯排集合！"

正在忙着通信联络的战士们拿起枪，集合在一起。彭雪枫语气坚定地说："敌军现在正欲从我们这儿突围，我们必须迅速冲向敌军，打他个措手不及，否则他们的大部队压过来，后果不堪设想！准备战斗！"

通讯排的战士们看到彭雪枫如此坚定从容，便都跟着彭雪枫向敌军冲去。彭雪枫举枪撂倒走在前排的几个敌人。通讯排的战士们勇敢地冲上去，愤怒的子弹打得敌人前仰后翻，他们惊恐地呼号起来：

"共军大部队来了！"

"共军大部队反攻了！"

……

国民党军向抚州方向仓皇撤退。彭雪枫率领通讯排战士猛烈攻击，他冲在最前面，枪枪不落空。红 4 师各部战士个个英勇无比，一时间杀声震天，八角亭的树林里布满了敌军的枪支和尸体，剩余的敌军丢盔卸甲狼狈逃窜。

忽然一颗手榴弹在彭雪枫身边炸响，黑色烟雾腾空而起，他被震波掀起一米多高，弹片嵌进肉里，剧烈的疼痛顿时袭来，鲜血如注涌流。半个身子瞬间也麻木起来，他咬紧牙对战士们说:“不要管我，往前冲！冲！”卫生员给他进行了简单包扎，强行把他抬下火线。天渐渐亮起来，天空中传来嗡嗡的巨大声响，敌人的飞机在低空盘旋，它转来转去却找不到目标，只得一声闷叫，钻进了天边的云朵里。

国民党军撤退了，八角亭周围响起红 4 师胜利的号角声。躺在担架上的彭雪枫望着天上缓缓游走的白云，虽然伤口的疼痛不时袭来，他却笑意写在脸上，快乐涌上心头。

03 长征中的先锋团

激战二郎滩

1934 年春，彭雪枫伤愈后被调往瑞金红军大学学习。同年夏，彭雪枫由红大政委调任江西军区政委。彭雪枫到任后，军区司令员陈毅即赴西线，军区日常工作由彭雪枫负责处理。8 月，彭雪枫调任红军第 6 师师长。10 月 9 日，彭雪枫调任中央红军第 1 野战纵队第 1 梯队队长兼政委，率部开始长征。10 月，任中革军委第一局（作战局）局长，仍兼第 1 梯队队长、政委。11 月 30 日，协助周恩来在广西界首前线指挥军委第 1 纵队抢渡湘江。在遵义会议召开前，为军委领导人准备了军事资料。

遵义会议后，部队进行整编，彭雪枫被调回红三军团任第 5 师师长。

1935 年 1 月 21 日，彭雪枫与政委徐策一起率红 5 师跟随中央红军向土城、赤水地区前进。沿途与川军正面交火，川军调集了 9 个团的兵力对红军大肆进攻。为避免更多伤亡，中革军委决定西渡赤水河转移。在一渡赤水中，彭雪枫派出掩护队，掩护中央纵队过河，进入川南。1 个月后，中革军委决定二渡赤水，回师遵义。2 月 10 日，红 5 师缩编为红 13 团，彭雪枫改任团长，李干辉任政委。在战略行动中，彭雪枫指挥红 13 团是逢山开路、遇水架桥的先锋团之一。彭雪枫按照上级的命令，在红 12 团配合下，率部率先赶到赤水河附近的二郎滩。二郎滩河水湍急，两岸耸立的都是悬崖峭壁。彭雪枫带部队赶到时，正值河水高峰期，水情十分复杂。但困难并不能压倒彭雪枫，经过对地形的严密侦察，彭雪枫下令："侦察连先去对岸侦察敌情，一营打头阵乘小船强渡到对岸去牵制敌人，工兵营在一营的掩护下，以最快的速度搭建浮桥，确保大部队顺利通过。这次任务艰巨，但我们

一定要以最快的速度完成，否则被敌人发现就再难有渡河的机会了。大家分头行动吧。”指战员们立即投入战斗。

一营很快就登上仅有的3条小船出发了，他们刚走出没多久，对岸的敌人就发现了他们。一时间无数黑洞洞的枪口对准他们一起开火，红13团将士们也进行了猛烈的回击。官兵们迎着枪林弹雨，一边打一边拼命地划桨。彭雪枫看情况危急，就对一营的战士们高喊道：“同志们，要镇静，越是这个时候越要稳住，不要恋战，尽快到对岸去占领对方营地。”

在又一阵猛烈的进攻后，一营登上了岸，紧接着二营也突围上岸，两个营的兵力击溃了岸上的守军，占领了滩头阵地。彭雪枫率领其余部队胜利登岸，敌军个个吓得抱头鼠窜。但战斗还没有就此结束，敌军副师长魏金荣带一个团从回龙场赶来二郎滩堵截，在赤水河东岸的大山岭上，构筑工事防守，妄图凭借高山临水的有利地形来阻挡红军过河。彭雪枫多次组织强攻都没能成功，敌人很是开心，以为真的可以高枕无忧了，便开始在营地里娱乐起来。魏金荣命人打了一些野味回来，在驻地和几个军官又是吃肉又是喝酒，好不快活。几个人酒足饭饱后，就回屋蒙头睡大觉了。魏金荣睡得正酣，突然被一阵急促的敲门声给吵醒了。小喽啰害怕地说道:“魏、魏、魏师长，不好了，‘共匪’已经把我们包围了。”魏金荣不信，给了小喽啰一脚说:“胡说什么，他们难道成仙飞过来的吗？”还没等小喽啰回话，密集的枪声就响了起来。原来彭雪枫趁敌人懈怠之际，命令部队在夜晚继续向前推进，一部夺占了李家岗，一部从大牛窝迂回敌后，给敌军来了个关门打狗。魏金荣赶紧命令部队撤退，自己连衣服都没穿好，就骑着马慌慌张张地逃跑了。

二郎滩的胜利，为中央红军二渡赤水创造了条件。彭雪枫在离开二郎滩之前，打开以前被地方军阀控制的盐仓，将所有食盐都分给穷人，受到当地百姓的热烈欢迎，红军在群众中的威信进一步扩大了。

强攻娄山关

彭雪枫率部渡过赤水河，继续作为前卫团，由临江渡、回龙场经沙秋坝、花秋坝、兴隆场向桐梓进军。遵义城就在眼前了。成群结队的老百姓站在大道两边欢迎红军的归来。防守铜梓、娄山关、遵义一线的是贵州军阀王家烈的部队，此时正向各险关要隘运动集结，企图同红军作最后较量。

天空飘起的细雨罩得一切都雾蒙蒙的，娄山关就雄踞眼前。1935 年 2 月 25 日，彭雪枫接到军团命令，由他率领红 13 团继续作前卫，对娄山关实施强攻，并与友邻部队配合。

进军途中，前卫侦察连和手枪排换上了国民党军服装，彭雪枫紧跟在侦察连之后。26 日拂晓，部队在接近关口处跑步前进，忽然看见一队国民党军大摇大摆地从关上下来。彭雪枫马上命令战士在道路两旁埋伏，等到敌人走近再对他们发动突然袭击，敌军被打了个措手不及，残部掉头向关内跑去，彭雪枫率部一鼓作气冲到娄山关关口。

在娄山关下，彭雪枫环顾周围的地形，娄山关的右边是悬崖，左边是大山，中间是高耸的峭壁，而唯一的一条道路又被敌人给封锁了。彭雪枫马上命人取来地图，随后向已赶到山口的第3营下令："部队从侧面爬山过去，先攻击娄山关的制高点——点金山。"冲锋的号角响起了，战士们喊声如雷，向敌人的阵地扑了过去。激战中营长身负重伤、教导员英勇牺牲，在第3营帮助工作的团特派员挺身而出，带领部队继续攻击。终于攻占了娄山关口两侧的制高点——点金山和大小尖山。登上点金山，敌人的防御工事就看得一清二楚了，娄山关也近在咫尺，敌人的机枪连续地向着我军射击，还在做着最后的挣扎。虽然彭雪枫和战士们又累又饿，但这丝毫没有减少他们的斗志，继续向敌人发起猛烈的进攻。彭雪枫冲在最前面，一阵激烈战斗后，敌人退了回去。但过一会儿又重新反扑上来，就这样来来回回，敌我双方僵持不下。彭雪枫着急了，要来望远镜一看，原来敌军的一个军官正在督军。

彭雪枫马上命令战士们高喊道:“白军的兄弟们，你们这么拼命是为什么呢，你看你们的长官根本就是把你的命当儿戏啊。”同时集合几个打枪准的战士，瞄准那个督军军官，一声令下:“打!”，敌军军官应声倒地。敌军见再没有人督战了，便纷纷放下武器，投降的投降，逃跑的逃跑，娄山关终于被攻破。

第二天拂晓，敌军又以6个团的兵力向娄山关连续发起攻击。敌人采取集团冲锋，火力更加猛烈，看这阵势，敌人必定是要坚持到最后一兵一卒了。彭雪枫马上下令:“通知所有战士，尽量节约子弹，与敌人打迂回战，拖延时间，等到大部队来支援。”很快，红军主力就在敌人的后方发动了猛烈进攻，前后夹击下，进攻娄山关的敌军终于败退了。娄山关战役胜利后，2月27日黎明时分，彭雪枫率领红13团随红11团跟进，迎击黔军，再战遵义。红11团密切配合，全歼遵义新城守军。在观察遵义老城地形时，军团参谋长邓萍不幸中弹牺牲。彭雪枫含泪请战主攻遵义旧城。经与红12团共同作战，顺利打开城门，彭雪枫率红13团协同红10团、红11团、红12团猛烈冲杀，经3

小时激战，全歼守军，胜利占领遵义城。

2月28日，毛泽东来到娄山关，站在巍峨的娄山关顶，不由感慨万千。他同军委纵队过娄山关，到达大桥。随后有感于娄山关战斗胜利，挥笔写下了传世名作《忆秦娥·娄山关》：

西风烈，长空雁叫霜晨月。
霜晨月，马蹄声碎，喇叭声咽。
雄关漫道真如铁，而今迈步从头越。
从头越，苍山如海，残阳如血。

毛泽东这首词就是对这次抢关战斗的真实写照。

红军出敌不意二渡赤水，抢夺娄山关直取遵义城，使蒋介石大为惊慌，急电刚刚占据贵阳的嫡系吴奇伟纵队，派两个师向遵义反扑。红军占领遵义的第二天，即南下迎击。红一军团、红三军团左右夹攻，不到一天就将敌主力歼灭在遵义城外。彭雪枫率领的红13团参加了这次战斗。在追击败敌的战斗中，张爱萍率领的红11团突遭敌军反攻，情况危急。红三军团军团长彭德怀命令彭雪枫率部增援。两个团团结奋战，很快阻止了敌军反攻；接着又随军团主力一直把敌人追到乌江岸边。遵义之战，中央红军在5天之内，连克桐梓、娄山关、遵义，歼灭和击溃国民党军2个师又8个团，红军取得了长征以来最大的一次胜利。

横渡金沙江

四渡赤水之后，彭雪枫率部随红军主力向西渡过北盘江，再接着向西北前进。蒋介石决心利用金沙江天堑阻断红军去路，两面夹击，进而“聚歼”红军。他调集薛岳部跟踪追击，咬住不放，刘文辉部扼守金沙江各渡口，红军面临着又一次前有堵截后有追兵的危险境地。

远处传来飞机的轰鸣声，金沙江水打着漩涡奔流而下，江面上翻腾着白色的浪花。彭雪枫静静地望着江面，这儿水深流急，是不容易架桥的。派人四处搜寻，总算找到一条木船，真是急死人啊！他马上把情况向彭德怀作了汇报。彭德怀在电话里说:“好嘛，老蒋看来是动了心思了，中革军委已电令我们在皎平渡过江，既然还有一只木船，你就担任后卫用木船在洪门渡过江吧。注意过江时对岸情况，加强警戒！”

彭雪枫笑道:“赤水河我们都过了4回了，不过，过金沙江还真不能让老蒋心甘。”

国民党军已将渡船悉数拉至北岸，早在江防渡口架起黑洞洞的枪口窥视着江里的动静，妄图凭借金沙江取胜。他们哪里想到，此前中央纵队先遣队干部团一部已于皎平渡巧渡金沙江成功，红三军团除留红13团外，其余部队已赶赴皎平渡口过江。彭雪枫望着江面，和政委李干辉商量下一步作战计划。李干辉望着双眼布满血丝的彭雪枫，不由得心想，这人太倔强了，几次告诉他要多休息，可满心只想着战斗的他怎能睡得着！

李干辉再次提醒他:“团长，你就躺一会儿养养精神，这渡江的战斗反正得夜间开始，你正好借这个空儿小憩一会儿，身体总是革命的本钱。”

他不容置疑地拉起彭雪枫就走。彭雪枫拍了拍手，在脸上轻轻揉搓了几下，笑道："我没有半点困意，我就是怪，再困只要眯眯眼，立即精神就来了，哎呀，这瞌睡虫就是不爱来找我，等过了金沙江，我就安安心心地睡一回。今晚你可不要再与我争了，我打头阵，你压阵脚。"

"不行！"李干辉急了，他表示坚决反对，"你是一团之长，是我们团的主心骨，第一船渡过去太危险，等我们连队过去巩固了阵地再去也不迟。"

彭雪枫笑着说："你说危险就太对了，咱既是团领导又是共产党员，就应该哪里有危险就往哪里冲。革命就不怕危险，敌人是不会轻易认输的，我们革命者就是得让他们低头！"

"道理是对，可你第一船过去，我无论如何都不能答应，要去我先去，干吗一打头阵都得你先争功。不行，我去！"

"好好，你去就你去，这政委可是代表党的，我只有服从了。晚上8时渡江开始，我祝你一路顺风。"

李干辉紧紧握住彭雪枫的手说："团长放心，咱13团可是响当当的'尖刀'，就得一把插在敌人的心脏上。"

入夜，阴云覆盖了整个夜空，天黑得伸手不见五指，潮湿的风夹杂着雨点狠命抽打过来，猫头鹰尖唳的叫声在山谷间回荡，金沙江水奔腾的声音反而更显得响亮。

离出发还有10分钟，李干辉匆匆来到江边，借着一点微弱的暗光，去搜寻那只小木船，可船呢？忙问守在江边的战士，战士回答："团长带3连的人已经出发半个小时了。"李干辉一拍脑门，恍然大悟，彭团长说8时准时出发，原来是为了稳定我的情绪，他是执意要第一船过江呀。

彭雪枫这时正在小船上狠劲地划着桨，小船在广阔的江面上像一片落叶在飘摇，一个浪头打来，瞬间小船失去了控制，大家和波浪较量，那浪头却不怀好意地一浪高过一浪，把小船一会儿掀到浪尖，一会儿又推向谷底。小船摇晃得厉害，很快就失去了平衡，船桨也没有了往日的威力，划船高手也无用武之地，冷风携着凄雨迎面扑来，大家全身都湿透了，冷得直打哆嗦。彭雪枫抱着必胜的信念，鼓励着大家，大家都憋足了一口气，一定要征服金沙江。小船在黑暗中艰难挪移，波浪似乎也被红军战士的精神所感动，不那么汹涌了，他们最终战胜了重重困难，平安抵达彼岸！

彭雪枫第一个跳下船，指挥战士们分成几个小分队向前延伸警戒，同时接应后续部队过江。他带领一个小分队摸黑前行。后续部队陆续过了江。

李干辉过江后，马上找到彭雪枫，他假装生气地说：“团长啊，说好了我先过，你怎么又跑到头里去了，说吧，接受什么处罚？”

彭雪枫笑道：“任务完成了，庆祝胜利由你来做吧。”

李干辉说：“我罚你安安稳稳睡一觉，庆祝会就不要参加了。”

彭雪枫连打了几个哈欠说：“是该睡一觉了。”李干辉一喜，这一回终于找到了一个理由让彭雪枫美美睡一觉了。可不承想，彭雪枫话锋一转说：“再等等吧，国民党刘文辉的千军万马可在那儿虎视眈眈，我睡得着吗？我们这把‘尖刀’还得再用点力，把他赶跑！”

前边枪声响起来，红 13 团的警戒小分队和敌人交上了火，彭雪枫马上又带人冲了上去。

走出生死界

彭雪枫率领红 13 团在抢渡金沙江、飞越大渡河以后，继续北上，仍然担负着艰巨的前锋任务。1935 年 6 月 8 日，他们随中央红军一举突破国民党军芦山、宝兴防线，连绵起伏的大雪山——夹金山出现在他们的面前。

彭雪枫深知雪山地形复杂，危险重重。因此命令部队在附近的村子里暂时扎营整顿。他和新任团政委张爱萍到老乡家里打听情况。他们敲开了一户农家的大门，一位 70 多岁的老伯告知他们过雪山需要准备的东西。6 月 15 日上午，彭雪枫、张爱萍率红 13 团随红一军团第 1 师向夹金山进军。他们听从老乡的建议，各个连队都带了些辣椒、大葱、大蒜，来抵御雪山上袭人的寒气。部队开始还行进得比较顺利，但随着山势越来越陡峭，空气也变得越来越稀薄，再加上雪光刺得人眼直疼，很多同志都因为缺氧，开始头疼恶心起来，但没有一个人叫苦，更没有一个人掉队，大家踩着没膝的积雪，艰难地前行。一些体弱的同志和伤病员坚持不住，有的一脚踏空就从雪山滚了下去，一会儿就不见踪影了，有的被冻得走着走着就倒在了地上，再也没有站起来。彭雪枫在寒冷的袭击下，身上的旧伤也发作了，疼得他直冒冷汗，脚下的冰碴儿把双脚都刺破了，血水都冻成了冰碴。但他始终咬牙坚持着，并鼓励大家："同志们，再坚持一会儿，翻越这座雪山我们就胜利了。千万不能在此刻放弃了，我们要对得起那些牺牲了的战友们啊。"同志们听了他的话热血沸腾，在必胜信念的鼓舞下，你扶着我，我搀着你，齐心协力，一步一步地艰难前行。快接近山顶时，下起了鹅毛大雪。刹那间，又变成了核桃般大的冰雹，指战员们只好把雨布披在身上，把饭锅、脸盆和被包顶在头上继续前行。张爱萍一直都紧紧地跟在彭雪枫后面，他看得出来彭雪枫在强力支撑，他多次劝说彭雪枫休息，可是都被他拒绝了。彭雪枫说道："我不累，不能休息，我怕我一歇下来就不想走了啊。"经过艰苦跋涉之后，彭雪枫终于率领红 13 团翻越了夹金山。

接着，他们又随中央红军翻过了梦笔雪山、长板雪山、打鼓雪山和仓德雪山。他们用大无畏的精神征服了一个又一个天险，奋勇地朝着党中央指引的方向继续前进。

在翻越了一座又一座雪山之后，彭雪枫率领红 13 团顺利抵达松潘毛儿盖。8 月 4—6 日，中共中央政治局在毛儿盖附近的沙窝召开会议，通过了《中央关于一、四方面军会合后的政治形势与任务的决议》。《决议》重申了两河口会议决定的战略方针，并指出“创造川陕甘的苏区根据地，是放在一、四方面军前面的历史任务”，于是彭雪枫又率领部队马不停蹄地经毛儿盖开始横跨茫茫草地。

当时，青稞还没有成熟，粮食成了所有部队面临的最大问题。彭雪枫估算了一下，跨越草地至少需要 7 天时间，但全团只筹集到 4 天的粮食，剩下的 3 天怎么办呢？有人建议说：“不行，我们就休整一下，等粮食筹集够了再出发吧。”彭雪枫果断地说道：“不可以，如果再拖上个几天，敌军就会发现我们的踪迹，再想脱身可就难了……饿就饿吧，反正能有水喝，死不了人的。”

随后，红 13 团毅然进入草地。几天后，所带的干粮都吃完了，只能以野菜和草为食，第一顿不想吃，第二顿还是不想吃，第三顿没法子吃一点，第四顿就狼吞虎咽了，到最后把皮带都煮着吃了。如果说饥饿还能容忍，那么复杂的地形条件和变幻莫测的天气就彻底让彭雪枫他们没办法了。草地条件的艰苦远远超出了大家的想象，那里几百里见不到一间茅草屋子，到处都是湿漉漉的，晚上根本没办法睡觉，只能站着休息。草地的气候就更是奇怪了，刚才还晴空万里，忽然就电闪雷鸣，狂风大作，大雨夹杂着冰雹一股脑地倾泻下来。就这样反反复复，战士们的衣服都没干过，湿衣服沾在身上，很多同志都病了。彭雪枫把自己的骡子让给伤病员，和大家一起靠双脚走下去。

草地中最可怕的是那无数的泥沼、水潭，战士们明明看到前面长满了青草、野花，但一走过去就马上陷了进去，而且越挣扎陷得越深，到最后被淤泥吞没。一旁的战友赶紧伸手去救人，结果两个人都陷了进去。彭雪枫急忙向大伙呼喊道：“同志们，记住了救人不要直接用手去拉，要用木棍让对方紧紧抓住，然后往上拽。”但是因为草地遍布泥沼，很多同志都防不胜防，没等旁边的人反应过来，人就被吞没了。许多年轻的战士就这样长眠在这里。一天、两天、三天……大家就这样互相鼓励着坚持往前走，彭雪枫总是鼓励大家：“同志们，我们就要胜利了，过了这片草地，我们就会见到党中央了。”就这样，前后历时 7 天，行程 200 余公里，彭雪枫带领红 13 团历尽艰辛，最终以顽强的毅力走出草地。

站在草地边，彭雪枫回头遥望，他知道自己无数的战友永远留在了这里，悲痛袭来，他不禁潸然泪下。但不容多想，彭雪枫又立即带着队伍向下一个目标出发了。

胜利到达陕北

1935 年 9 月 11 日，红 13 团在完成掩护任务后随红3军和军委纵队到达俄界。12日，中共中央政治局在俄界召开扩大会议，同意中央所采取的步骤和继续北上的方针，并决定将红1军、红3军、军委纵队改编为中国工农红军陕甘支队，下辖3个纵队：红1军改编为第1纵队，红3军改编为第2纵队，军委纵队改编为第3纵队。10月，彭雪枫任第2纵队司令员。他对纵队政委李富春说："中央已经决定到陕北去巩固与扩大陕甘苏区，可国民党军猛追不舍，关键时刻我们要把这讨厌的尾巴切掉！"李富春点点头说："乌江、金沙江、大渡河我们飞过去了，雪山草地我们都走过来了，还有什么困难我们不能克服！"两个人自信地笑了。

10月2日，彭雪枫、李富春率第2纵队在左路随陕甘支队继续北上，穿越西兰公路，翻过六盘山，通过回民聚居区，突破平（凉）固（原）封锁线，10月19日到达陕甘苏区的吴起镇（今吴旗县城）。

可蒋介石仍不善罢甘休，命令国民党骑兵3个团追了上来，主力已逼近吴起镇，一个团向吴起镇背面迂回，企图夹击红军，斗争形势骤然严峻！

毛泽东对彭德怀说：我们必须“打退追敌，不要把敌人带进根据地”。彭德怀坚定地说：“我想这样，集中兵力在塬上设伏，以第 2 纵队为左翼，以第 1 纵队为右翼，先打迂回吴起镇西北的马鸿宾 35 师骑兵团，再打另外两个团。”毛泽东说：“好，打个干脆利落的伏击战！”彭雪枫早就对国民党军的“尾巴”痛恨不已，艰苦卓绝的长征路上，他这个“尖刀团”团长前边开路、后面掩护，经历了无数次恶战，这一次以步兵攻击骑兵，彭雪枫胸有成竹。战斗打响后，彭雪枫指挥部队向国民党骑兵团左翼冲去，“射人先射马”，战士们先打国民党军的马匹。一排枪声过后，敌骑兵团随之后退。彭雪枫大喊：“冲啊，坚决消灭敌人！”对面，第 1 纵队攻击其右翼，两下夹攻，经数小时激战，来势汹汹的国民党骑兵团很快在红军密集的枪声中被击溃。接着，彭雪枫等率第 2 纵队和第 1 纵队又向敌另两个团迎头痛击，喊杀声漫山遍野，红军士气高涨，势不可当。国民党军追兵在红军猛烈的打击下惊恐地举手投降。此战，击溃国民党追兵 3 个骑兵团，俘 700 余人，缴获战马 1000 匹。红军声威大震，国民党“追剿”部队闻风丧胆，停止追击。战斗胜利后，毛泽东挥毫赋诗一首：

山高路远坑深，
大军纵横驰奔。
谁敢横刀立马？
唯我彭大将军！

彭德怀得知后并不居功自喜，他说：“胜利是在毛泽东军事思想的指导下和我参战红军的英勇战斗得来的,最后应该改成‘唯我英勇红军’才好！”

至此，历时 1 年纵横 11 个省行程二万五千里的长征胜利结束。彭雪枫也和大家一样，非常高兴！他不由得吟诵起毛泽东的诗——《七律·长征》：

红军不怕远征难，万水千山只等闲。
五岭逶迤腾细浪，乌蒙磅礴走泥丸。
金沙水拍云崖暖，大渡桥横铁索寒。
更喜岷山千里雪，三军过后尽开颜。

11月初，陕甘支队到达甘泉地区后与红十五军团会师。陕甘苏区军民第三次反“围剿”斗争正在激烈进行。为了配合陕北红军粉碎国民党军的“围剿”，部队进行了改编，恢复红一方面军番号，下辖第一、第十五军团。红军改编后，彭雪枫任红一军团第4师政委，陈光任师长。当时物资补充非常困难，特别是没有鞋穿。数九寒天，部队中很多人仍光着脚。为了克服困难，减轻人民负担，彭雪枫号召大家人人动手打草鞋。彭雪枫月夜打草鞋的事迹，很快传遍全师。在他的带动下，全师掀起打草鞋热潮，不到一星期，部队就克服了没鞋穿的困难。

11月19日，彭雪枫接到通知，和陈光策马赶赴张村驿集中。为打破国民党军的“围剿”，红一、红十五军团的团以上指挥员在毛泽东、彭德怀、周恩来的率领下，赶往直罗镇查看地形，研究战斗布置。彭雪枫随毛泽东等人登上直罗镇西南的一座高山俯瞰勘察。南北群山逶迤连绵，中间狭长的谷地里葫芦河在潺潺流淌，百十户庭院静静地卧在河的南岸。毛泽东微笑着说:“我们就把国民党军收进这‘口袋’里，来个一举歼灭！”随后部署道:“你们以警戒部队示弱诱敌，然后精兵伏于山之两侧，国民党军会认为我们不堪一击，然后我们‘凭高视下’，必会势如破竹，我们要的就是歼灭战！”大家通过商讨研究，确定了会歼国民党军于直罗镇的具体方案。

回部队的路上，彭雪枫反复掂量毛泽东刚才的一番话。这一战关系到红军和陕甘苏区的前途命运，只能胜利不能失败!

11月20日下午，国民党军第109师在6架飞机的掩护下开入直罗镇，师长牛元峰傲气十足地骑在高头大马上望着红军“远遁”的背影，挥鞭指着说:“就凭这烂枪破炮，也配与党国军队交锋?马上给上峰发报：共匪仓皇败逃，我军胜利占领直罗镇。”并传令杀鸡宰羊，开怀畅饮。当晚，国民党军酒足饭饱之时，彭雪枫、陈光等指挥红4师配合友邻部队悄悄将其包围。

21日拂晓，彭雪枫、陈光指挥红4师2个团会同红1师1个团对国民党军第109师第626

团展开猛攻。枪声划破黎明的寂静，愤怒的子弹向国民党军的营垒倾泻。国民党军一片鬼哭狼嚎！慌乱地左冲右突，欲作困兽斗，却无力回天。彭雪枫等指挥部队步步推进，逐渐缩小包围圈，枪声密集，到上午 10 时许，敌第 626 团被大部歼灭，同时击溃敌第 625 团 2 个营。国民党军第 109 师在红军的猛烈打击下毫无斗志，牛元峰气急败坏地龟缩进镇东南的土寨内企图顽抗待援，他怎么也闹不明白，这么精锐的“共军”部队是从什么地方冒出来的。接着，彭雪枫等又指挥红 4 师配合友邻部队分头击退东西两路国民党援军，击溃其 1 个团。牛元峰率残部待援无望，在 23 日晚突围时被全歼。直罗镇战役，红军共歼国民党军 1 个师又 1 个团，缴枪 3500 余支，打破了国民党军对陕甘苏区的第三次“围剿”，巩固了陕甘根据地，为中共中央把全国革命大本营放在西北举行了一个奠基礼。

04

致力统战“彭公馆”

初做统战显身手

1936年2月20日，红一方面军主力1.3万人以中国人民红军抗日先锋军名义，在司令员彭德怀、政委毛泽东率领下，开始东渡黄河作战。当日晚，红4师在彭雪枫和陈光的率领下，随红2师先头部队之后，从沟口渡河。3月17日，彭雪枫、陈光率红4师随红一军团主力突破阎锡山晋绥军汾河碉堡防线，由霍县向南疾进，并占领洪洞等广大地区，深入发动群众，迅速扩大红军，广泛筹集资财。正当红军准备东出河北与日本侵略军直接作战之时，国民党蒋介石抽调重兵进入山西，协同晋军阻止红军东进抗日。为保存国防力量，履行中国共产党的抗日主张，促进蒋介石及其部下爱国军人的觉悟，毛泽东和彭德怀遂命令抗日先锋军回师西渡，撤回陕北，结束东征战役。

1936年5月下旬，彭雪枫等一批红军高级将领奉命进入刚组建的抗日红军大学学习。红军大学下设高级科、上级科、普通科，也称一、二、三科。红大一科，学员大都是师级以上干部。一科科长为陈光，政委为罗荣桓。彭雪枫被分到一科，担任一科的学习委员。一科的学员人数较二科、三科少得多，绝大多数都是参加过二万五千里长征、红军队伍中身经百战的高级将领，具有丰富的作战经验。

彭雪枫从小就是一个勤奋好学的人，虽然多年来一直都是东奔西跑，南征北战，但他从来都没有放弃过学习的机会。闲暇之时，他总是刻苦学习，并养成了手不释卷的良好习惯，故在红军队伍中，他被誉为“秀才”，熟悉他的人都知道。他十分珍惜这次学习机会，在以窑洞为教室、石头砖块为桌椅、石灰泥土糊墙为黑板的学习环境中，废寝忘食地学政治、学军事、学文化。后来美国记者斯诺回忆说:“真想不到，石头砖块的桌椅，石灰泥土糊的黑板，这样原始的窑洞教室里居然聚集着一批天才，共产党人，一群铁打的硬汉！”

课余之时，他会拿起网球拍和张爱萍等人去米粮山下打球，从国民党那儿缴获来的战利品，这会儿成了红军将领们的体育器材。7月17日，斯诺来到刚由瓦窑堡迁至保安的红大，对一科进行现场采访，斯诺还为彭雪枫他们同班的几个战友拍了一张珍贵的合影照，这张照片是他与赵尔陆、张爱萍、陈士榘、萧文玖等5人的合影。那时，彭雪枫他们正在打网球，斯诺采访时正好碰见，就顺便为他们拍摄下了这张珍贵的照片。这张合影照也是彭雪枫在红大学习期间唯一的一张纪念照。

正当彭雪枫全身心地投入学习之中时，国内政治风云发生可喜变化。1936年9月，彭雪枫接到中共东北军工作委员会的通知，要他和叶剑英、潘汉年一起前往西安，专做东北军爱国将领张学良等人的上层统战工作。这是因为彭雪枫在天津、北平、烟台等大城市学习生活过，并从事过党的工

作，他的城市生活经验、文化素养、风度和气质适合开展国民党军上层统战工作。

9月24日，彭雪枫（化名彭雨峰）等前往西安。10月上旬，彭雪枫持毛泽东的亲笔信，赴兰州拜会甘肃省政府主席兼东北军第51军军长于学忠。于学忠早年参加过同盟会，对孙中山先生“联俄、联共、扶助农工”的三大政策铭记于心，跟张学良更可谓莫逆之交。

于学忠与彭雪枫寒暄之后，打开了毛泽东的亲笔信：

于主席勋鉴：

两军相处密迩，未能通候，甚以为歉。夙稔先生热诚爱国，对日抗战早具同心，而西北停战议和，首先贵我两军停止自相残杀，实为刻不容缓。兹派彭雨峰君晋谒崇阶，申述敝方联合救国之旨，敬祈不妄赐教，指示一切。抗日合作成功之日，两军之利，抑亦民族国家之福也……

看罢来信，于学忠眉宇舒展，朗声笑道：“润之先生客气了，雨峰君请用茶！”

之后，彭雪枫直奔主题：“于先生，雨峰远道而来，想求教先生。当下，红军刚到西北，立足未稳，而东北军奉蒋某人之命，互相致残，局势纷乱，请问于主席今后有何打算？”彭雪枫目光灼灼，饱含期待。

于学忠眯缝着眼，深思着，走下太师椅，手捻胡须说：“西北军非蒋介石嫡系，长期备受压抑，与红军作战，实乃蒋某人借刀杀人，敝人是一清二楚的。可是，此非长久之计，于贵军、于我，皆不利也……”

彭雪枫微微颔首，于学忠接着说：“当前，蕞尔日本虎视眈眈，华夏河山几破碎也，有良知的中国人，难道看我同胞任贼子的铁蹄蹂躏吗？”于学忠声调急切，胸脯一起一伏。

于学忠转身望着彭雪枫，问道：“雨峰君，您意下如何？”

彭雪枫动情地说：“红军和东北军都是坚持枪口对外，矛头直指日本帝国主义。尽管现在我们还会有分歧，但我们只要以民族大义为重，走联合救国、合作抗日的路子，则无往而不胜。面对即将大举入侵、磨刀霍霍的日本鬼子，我们不能再自相残杀打内耗了，应该立即停战议和，凝聚民族之力量，激发民族之斗志，形成民族之灵魂，携起手来打鬼子，把小日本赶出我们的疆土！”

“高见！高见！于我心有戚戚焉！”于学忠连声赞叹，亲自给彭雪枫斟上一杯茶。

一个豪爽仗义，一个儒雅健谈，双方相谈甚洽。

不久，于学忠为红军大开绿灯，苏联援助红军的物资经他大力协助通过河西走廊。两个多月后的西安事变中，于学忠积极站在抗日的立场上。彭雪枫初次做统战工作就出师告捷。

11 月上旬，彭雪枫奉命与叶剑英一起由西安赶回保安。毛泽东此时已确定要以山西阎锡山为统战对象。

天渐渐转冷，夜已经很深了，毛泽东窑洞里火红的炭炉边，他正和彭雪枫促膝长谈。毛泽东谈话高瞻远瞩又风趣幽默，他说：“你上次兰州之行吃苦不少，收获很多哟！当前，国难当头，国民党军官里绝大多数还是赞同合作抗日的嘛。这个于学忠，身上就有我们中国人的凛然正气！这次可就不同喽，山西阎锡山可是个工于权术的人，我素听说他善于用‘中庸哲学’。这也不算他的什么新发明，但他不是一个容易对付的人！”

彭雪枫说："他既不愿得罪老蒋，又不愿惹日本人，对我们红军也是心有余悸，对三方谁也不得罪，谁也不靠近，这就是他欲在3个‘鸡蛋’上跳舞吧。"

毛泽东和彭雪枫都笑了。

毛泽东说："你说得很好，这个老于世道的阎百川，对我们来说有很多共同的利益。我已写好给绥远傅作义将军的信，由他介绍你去见阎锡山。我们共产党人做事从来都是光明磊落的，记住：对人诚恳不会失败。"

谈着谈着，不知不觉已透进一缕晨曦，毛泽东兴致勃勃地说："走吧，到外面呼吸几口新鲜空气，就算为你送行吧。"

与毛泽东告别后，彭雪枫带着毛泽东的亲笔信，前往绥远拜会省政府主席、国民党军第35军军长傅作义，转达毛泽东希望傅作义从中斡旋，推动国民政府军事委员会副委员长、太原绥靖公署主任阎锡山与中国共产党建立统战关系的意见。

机警智斗“山西王”

在彭雪枫前往太原晤阎锡山前后，为了便于工作，中共中央同时任命他为中共中央北方局华北联络局书记。11 月 10 日，彭雪枫刚抵天津，即与中共中央北方局接洽。11 月 12 日，彭雪枫抵达太原，开展联阎抗日工作。

对彭雪枫的到来，这位“山西王”不紧不慢地说:“我阎某人与贵军素无恩怨，今年春贸然渡河，造成我军损失惨重！贵军虽言之甚好，何以以伤害友军为能事！”

彭雪枫见阎锡山见面就来个下马威，他不卑不亢地反驳道:“阎主任对我军有所误解。此前，我军东渡黄河，意欲东渡冀察抗日，以缓先生之忧，并无侵占山西之意。此正义之举，贵军却无理阻挠，遂起战端。则南京蒋公中央军大举入晋，假助先生之名，实欲行吞并之实。日寇闻讯亦为你我相残而陡生快意，时以兵临城下，日寇陈兵秣马，对山西虎视眈眈，我军愿与先生同力破敌，以保晋省，有何不妥？”

阎锡山从沙发里坐起来说：“贵军对抗日有何良策？贵军口口声声说联晋抗日，能否在联合作战时完全听从我方指挥？”

彭雪枫从容不迫，说道：“我党毛泽东主席已有书信转达先生处，我们红军历来是信义之师。凡事以国事为要，珍惜与贵军合作抗日，一切均好商量。”

阎锡山笑道：“我欲与贵军联合的想法早就有了。我委托训政处梁化之全权代表，有事你们尽管谈，只是切莫走漏风声，以免引起不必要的麻烦。”

算计好要在3个“鸡蛋”上跳舞的阎锡山此时正处心积虑地实施他的计划。他积极组织绥东抗战，挫一挫日军的锋芒。他最根本的目的是“割据自保”，守土抗战实为迫不得已，他只想游移在蒋介石、日本人和共产党之间，安安稳稳当自己的“土皇帝”。

11月17日，蒋介石突然由洛阳飞抵太原，名为“策划抗敌军事”，实则为监督阎锡山而来，以防止其在日军逼近之时投向日本怀抱，再者也是为了防止阎锡山与共产党联合。阎锡山不得不面临艰难的选择，既要抗日，又要防蒋，又害怕与共产党真正联合。这时的阎锡山真成了热锅上的蚂蚁，整个太原空气骤然紧张起来。阎锡山清楚地知道，弄不好，他这个“山西王”就做到头了。他低头沉思着，额头上很快就渗出一层密集的汗珠，他不停地用手敲着桌子。

这时又响起了敲门声，副官报告说中共代表彭雪枫求见。

阎锡山眼前一亮说：“快快有请！”

彭雪枫大步流星走进，落座后，他说：“日军最近陈兵绥东一线，意欲全面进攻山西，现在民众抗战热情甚高，一旦战事起，我军将全力支持配合。”

阎锡山面无表情地说：“日军锋芒甚利，胜负难以预料，只恐我军战前，又虑人乘我不备袭后，我不能不有所顾虑。”

彭雪枫笑道：“阎主任所虑过甚，民众呼声甚急，折杀日寇乃民族英雄，众望所归，谁敢在此时行天下之大不韪，岂不是不战而败！任何不抗日而妄图促人自相残杀的行径，是不得人心，最终要失败的。”

阎锡山终于下定对日作战的决心，全力以赴投入绥远抗战，并取得了百灵庙战役的胜利。

1936年12月12日，西安事变爆发。晋陕毗邻，阎锡山又拥有重兵，其态度如何将影响西安事变能否和平解决。12月20日，毛泽东致函彭雪枫：“对陕变方针，已详十九日通电，望本此做法。”并让彭雪枫亲自将其手书迅速转致阎锡山，希望阎锡山在“宁军攻陕甚急”的形势下，“出以有力之调停手段”，以免全面内战爆发。根据党中央和毛泽东的指示，彭雪枫多次向阎锡山陈述其利害关系，使阎锡山在西安事变中“态度暧昧，保持中立”。

彭雪枫根据党中央和毛主席的正确指示，有

理、有利、有节地做阎锡山的统战工作，使善于变化的“山西王”最终抛弃幻想，走上了共同抗日的道路，为以后八路军借道山西挺进华北敌后、推动晋陕双方贸易铺平了道路。

1937年2月17日晚，秘密交通员到临时联络站，送来毛泽东的两封亲笔信：一封是给彭雪枫的，另一封是给阎锡山的。

18日，彭雪枫将毛泽东致阎锡山的亲笔信交与梁化之，并谈开店之事。

翌日上午，梁化之兴冲冲赶来相告，阎锡山已同意开设电台等诸事宜。送走梁化之，彭雪枫久久沉浸在激动的喜悦中：事情终于有眉目了。23日夜，彭雪枫在灯下给延安的毛泽东写了一封汇报信：

毛主席：

（1）电台及工作人员和我即找一独门独院的秘密房子。他和公安局说明找房子不成问题，并云双方既已开诚相见，何必另外派人同住，今后只有彭、梁二人发生直接关系。

（2）关于开店，以布庄为宜，门面以在背街为好，一切营业诸手续，待人到时办理。

（3）今后购买货物粮食，由贾秘书长发给护照，可按货物之出产地相机分往采办。

以上均以人员可靠、保守秘密为绝对的原则。

……

细心的彭雪枫，沉思良久，又写下两点建议。

（一）党即定出“晋绥工作纲领”给以训令，以便在与党失却通信联系时亦有所遵循；（二）除设立秘密电台外，对于开铺子亦须大干，不仅可以担任联络来往落脚，印刷书籍，购存军需货品……所以应当是个政治坚定的“生意人”。

毛泽东在看了彭雪枫的工作汇报和来信后，十分满意，并对彭雪枫在信中所写的几条建议十分重视。毛泽东还根据彭雪枫的建议，精心选派了红军总部通信团无线电营营长岳夏（又名罗若遐），携带电台，密往太原。岳夏一行在临出发前，毛泽东还将岳夏和他的爱人李建华等人叫到办公室，对他们此行去太原工作中的保密事项，都一一作出了具体指示。

3月19日，岳夏带着报务员李建华、译电员钟金辉、勤务员雷智修和警卫员程朝先等一行9人，从延安出发，前往太原。22日晚，与彭雪枫一同搬入事先准备好的太原市新满城西街30号院内。

红军秘密联络站对外称“彭公馆”，是上海某大公司驻山西省太原分公司办事处。办事处负责人是彭雪枫，化名彭雨峰，对外身份是公司副总经理；岳夏则化名岳公远，对外称是彭雪枫的表弟；岳夏的爱人、电台报务员李建华及他们刚满5个月的孩子，对外声称是彭雪枫的亲戚；身材高大的程朝先是南方人，参加过万里长征，是从红军庆阳步兵学校学员中精心挑选出来的一名副连长，他此行的职务是彭雪枫的副官，并具体负责“彭公馆”的警卫事务。而负责与彭雪枫单线联系的阎锡山的代表梁化之，则亲自向太原市公安局作了交代，不仅不到这里盘查户口，而且还在暗中予以保护。

在太原期间，彭雪枫时刻牢记毛泽东对他提出的“在外间交接，态度务须诚恳，立场务须坚定，用费务须节省”的告诫，在太原这个灯红酒绿、纸醉金迷的世界里，始终保持艰苦朴素的本色。与此同时，彭雪枫还充分利用在太原工作这一“自入党以来最清闲阶段”，抓紧时间读书学习，阅读了《大众政治经济学》和《思想方法论》等大量的政治、经济、文学、军事书籍。他不但反复研读，还在日记中写了详细的读后感。正如他自己所说：“知识之在我，向来是如饥似渴的。”为了适应战争的需要，彭雪枫还抽出一定时间坚持自修日语，并拜岳夏为师学习英文。

发挥“彭公馆”的作用

1937 年 5 月 26 日至 6 月 17 日，彭雪枫还兼任了中共中央北方局华北联络局书记，负责晋、冀、鲁、察四省和北平、天津两市的统战工作。为了指导鲁西北的统战工作，彭雪枫于1937年6月到济南、聊城进行社会考察。在济南，他约集了共产党员朱晦生（韩复榘第3路军军官），原育德中学同学赵子众、陈占云，以及第3路军军官冯惊涛、高宜之等10余人，开了一个座谈会，给大家讲了中国共产党的方针政策和国内外的政治形势，增强了到会者跟着共产党走的决心和信心。在聊城，彭雪枫与育德中学同学赵伊萍、牛连文见了面，帮助赵伊萍（1927年入党）接上了组织关系，并介绍张维瀚加入了中国共产党。从此，在山东第六专员公署内便建立了中共党的组织。他在给专署内的中共党员谈话时指出："日本帝国主义已下了灭亡中国的决心，中日全面战争已不可避免。但只要全国各党派、各民族团结起来，结成广泛的抗日民族统一战线，中国就不会亡，就能够最后战胜日本帝国主义。"彭雪枫在聊城期间，还指导了聊城师范中共与国民党CC派争夺领导权的斗争。同时，他又对鲁西北地区的历史和现状作了详尽的调查。彭雪枫的山东之行，对后来中共与范筑先的统战工作和鲁西北抗日根据地的建立，都起了一定的作用。

1937年7月7日，日军发动了蓄谋已久的卢沟桥事变，中国全国性抗战开始。国民党终于接受了中国共产党关于实现第二次国共合作的正确主张。彭雪枫等在太原的活动也由秘密转为公开，后来，“彭公馆”也挂出了“八路军驻晋办事处”的牌子，彭雪枫以八路军总部少将参谋处处长兼驻晋办事处主任的身份开展工作。

这时，彭雪枫由太原回延安汇报工作。毛泽东再次派彭雪枫带亲笔信会晤阎锡山。彭雪枫即要求有杰出工作能力的红军干部张震同行。他与张震在军中共事多年，结下了深厚友谊，成为无话不谈的知己。

7月20日，彭雪枫到晋后，向阎锡山递交了毛泽东的信。毛泽东在信中表明:“关于红军协同作战，昨派周小舟趋谒，现令彭雨峰速返太原，再求指示。日寇大举，全华北危险万状，动员全力抗战到底，发动民众与扶助义军工作，实属刻不容缓……”彭雪枫多次与阎锡山会谈，打消了阎锡山的顾虑，同意合作抗日，并愿在国事危急关头与红军共赴国难，实际上对红军入晋抗日持赞同态度，并就粮弹补给问题达成一致意见。毛泽东即派叶季壮赴太原设立供给机关。

彭雪枫这时接到毛泽东电报，就红军出去路线问题认为：“主力仍以在韩城、宜川渡河为有利。”彭雪枫当即去太原绥靖公署会晤阎锡山。阎锡山秘书传话说不在。彭雪枫知道阎锡山又在玩弄他一贯的伎俩，遂决定以静制动，只留口信说有要紧事须秘密协商。彭雪枫实则借此机会等待毛泽东明确指示。

8月10日，彭雪枫再次接到毛泽东电报，认为：“只能走韩城渡河经蒲县、孝义、汾阳到大同集中，与阎交涉一定要办到。”彭雪枫同张震在办事处商量着如何对阎锡山进一步展开交涉，不想这时阎锡山派人来请彭雪枫。彭雪枫笑着对张震说：“看吧，这个‘山西王’坐不住了，他不抗战无法图存，日本侵略军的战火快烧到他的眉毛了。他会迫不及待地要求和我们合作。”

张震分析道：“他既想与我们合作，又对我们心存芥蒂，只不过想利用我军保住他的老巢。我们一定要警惕他这只老狐狸意图分割我军出去的图谋。”

彭雪枫只身赴阎锡山处，重申了毛泽东关于红军出去路线的问题。阎锡山眉飞色舞，显示出异乎寻常的热情说：“贵军果然是信义之师。当前战事正紧，现时开赴前线正是当时，为避免贵军长途辛劳，可以经同蒲铁路运送红军，到大同、阳泉一线阻敌，必将振奋我军士气，给敌以迎头痛击。请务必转告贵军，必须受国军节制，听从调遣，不得擅自行动。”

彭雪枫针锋相对：“我军既言合作抗日，绝对赴汤蹈火在所不惜，但我党我军正与国民政府磋商合作事宜，具体细节待谈妥后公布。目前运送红军北上问题请予协助。我们会在战场上不分你我，枪口一致对准日本人。至于指挥问题，我会尽快向党中央汇报。”

彭雪枫几经交涉，阎锡山终于答应红军出去路线完全按毛泽东和中共中央的要求。

1937 年 8 月 25 日，中革军委发布命令，宣布将中国工农红军第一、第二、第四方面军和西北红军等部队改编为国民革命军第八路军，随后八路军第115师、第120师、第129师先后从陕入晋，奔赴山西抗日前线。

9月中旬，山西战局发生重大变化，日军兵分两路进攻广灵、灵丘，绥远失陷，晋军被迫撤出大同。9月16日，彭雪枫又急匆匆赶赴太和岭口与在此指挥作战的阎锡山晤谈。

彭雪枫向阎锡山讲明了八路军以五台山为根据地打游击，并要求送七九步枪子弹和中正步枪子弹各50万发，冲锋枪、机关枪200支并汽车，备办事处承用。

9月21日夜，周恩来、朱德在彭雪枫的陪同下会晤阎锡山，亲将八路军实施战略展开的决定予以通报。在车上，彭雪枫向他们汇报了对阎锡山统战工作的情况。周恩来高兴地说："你这个小彭不简单，一个八面玲珑、老奸巨猾的'山西阎王'居然对你言听计从，毛主席还多次表扬过你，这可不比行军打仗，这可是一人抵千军万马啊！"

此次与阎锡山的晤谈，阎锡山表示同意八路军进行独立自主的山地游击战，双方在八路军游击区域、兵力使用和在有利条件下配合友军进行运动战等问题取得了一致，并达成协议。双方还议定八路军第 115 师插入敌后，侧击平型关日军；晋军第 71 师正面出击，共同歼敌于平型关前。

9 月 23 日，八路军第 115 师插入敌后。24 日夜，主力 4 个团冒雨设伏于平型关东北公路两侧山地。25 日晨，聚歼板垣师团第 21 旅团 1000 余人，取得了全面抗战以来第一个歼灭战的胜利，粉碎了日军不可战胜的神话。

护卫周恩来撤离太原

为了适应抗日战争的需要，彭雪枫抓紧对游击战争的研究，对抗日战争的战略战术和政治工作进行了全面的探讨。1937 年 10 月 16 日，彭雪枫应山西省战地总动员委员会的邀请，在山西大学作了题为《游击队政治工作》的长篇报告，系统论述了游击队政治工作的意义、任务、原则、方法和游击队政治工作人员的条件等问题。当时《大公报》记者渔叔记下了这次演讲的盛况:“宏敞的教室，集聚了许多人，在屏声息气地向台上听着。彭先生是一个短小精悍的躯干，配合着俊秀的仪容、娴雅的风度，使人骤然看去，疑心他不是钢铁的斗士，而是一个舞文弄墨的儒生。他继续提出许多政治工作的原则，以及过去红军用得烂熟的一些经验和方法，一串串漂亮的辞句，丰富而微带着滑稽的表情，和着微笑泛于唇边。一些女同志发出轻倩的笑声，听众感到满足，潮水般地散了。”彭雪枫的这次演讲稿，1937 年 12 月 9 日在临汾刘村镇作过修改，后分别以《游击队政治工作教程》和《游击队政治工作概论》等书名出版单行本。

就在彭雪枫的统战工作开展得有声有色的时候，1937 年 10 月，日军全面进攻太原。中国军队虽经浴血奋战，但无奈兵力和后援不足，太原失守是早晚的事情了。特别是自国民党军在忻口战役失败后，太原城在日军的炮火袭击下成了一座孤城，曾经繁华的太原城，早已尸横遍野、火海一片。就在这关键的时刻，守城的第 35 军副军长兼城防司令曾延毅弃职逃跑，导致军心涣散，守城的官兵纷纷逃离，太原城内乱作一团。而在八路军办事处中，彭雪枫和周恩来还镇定地坐在书桌前研究着战局。外面的爆炸声此起彼伏，彭雪枫担心周恩来的安危，劝说道："太原机关、守城军和老百姓都逃得差不多了，我们也尽快撤离吧。"周恩来笑笑说道："不急不急，敌人的炸弹不是还没有炸到我们吗？守城的军官都撤走了，我们更要给太原人民站好最后一班岗啊。"这时张震推门而入，说道："军委发来的电报，命令我们明天必须撤离太原，向晋南临汾撤退。"彭雪枫敏锐地意识到肯定是出了什么状况，不然军委撤退的命令不会如此突然，他果断地问道："出了什么问题了？"张震说："还能出什么事情，还不是阎锡山 11 月 2 号才开完军事会议，决定由傅作义将军担任守城的最高将领，结果昨天阎就坐飞机先逃跑了。"彭雪枫气愤地拍着桌子说："阎锡山前几天还信誓旦旦、口口声声地说要和太原共存亡，没想到临阵脱逃了。"

但彭雪枫来不及气愤了，外面的枪声越来越密，爆炸声也似乎更近了，他连夜和周恩来整理办事处的文件，该销毁的销毁，该带走的带走。11月5日天亮以后，留在太原城里的人物，除彭雪枫、周恩来、孙连仲、傅作义，卫立煌外，还有一位新闻记者。情况紧急，彭雪枫在收拾妥当一切后，陪同周恩来坐汽车转移。去临汾的路有两条，一条是经榆次坐同蒲路火车走，一条是由太原南下汾阳。但铁路早就被日本人控制了，所以彭雪枫等人打算经过汾河桥沿太汾公路南下。但等到汾河桥附近，才发现这里早就被逃亡的人给挤了个水泄不通。无奈，彭雪枫只能让周恩来坐在汽车上等着，他跑去向傅作义求助。傅作义见彭雪枫进来，说道:“都什么时候了，你怎么还没走呢？”彭雪枫说:“将军不是也还没有走吗？”傅作义说:“坚守太原是我的职责，我定与太原一起存亡。”彭雪枫看着眼前这个汉子深深地被折服了，来不及说更多钦佩的话，彭雪枫直接说道:“我今天负责掩护周先生撤离，但是临汾桥已经被堵死了，还有守城的官兵，我们过不去，希望傅将军能帮忙啊。”傅作义二话没说，赶紧给彭雪枫写了手令，郑重地交给了他。彭雪枫立即赶回汾河桥，守卫的官兵看到手令立即放行了，但此时要重新扒开被堵住的城墙是不可能了，于是彭雪枫和周恩来只好抛下汽车，钻过临时挖开的一个口子，徒步出城。幸好，彭雪枫早已让张震提前一天在汾河桥头秘密准备好了一辆汽车。由于汽车小，坐不下那么多人，张震只好催促彭雪枫和周恩来他们先走，自己与通信员赵大万等人步行。几天后，彭雪枫护送周恩来顺利抵达临汾。

11 月 8 日，古城太原在日军的猛烈进攻下失守。傅作义所部均冲出重围，转移晋南。彭雪枫闻讯很是悲痛，但令其欣慰的是，他协助周恩来布置的华北游击战争在山西各地蓬勃发展起来，多支游击队先后成立，在敌后战场上大显威力。

05 抗日战场建功勋

创办学兵队

1937 年 11 月 11 日，彭雪枫护卫着周恩来顺利抵达晋南重镇临汾。这里因为第二战区和山西省军政党的机关林立，已成为山西战时的政治中心。13 日，为争取和训练抗日青年，先期到达临汾的中共中央北方局决定除八路军随营学校扩大招生外，另由办事处彭雪枫负责开办八路军学兵大队。而这时周恩来也考虑由彭雪枫统一指挥八路军在晋南的所有机关，并这样电告毛泽东、朱德、彭德怀、林伯渠和八路军各师师长说："汾办事处、供给处、兵站及昨赶（赴）大（宁）之炮兵团，均由彭雪枫统一指挥"；"由办事处开办一个短期训练的学兵大队，本日到七八十，拟招收五百人。由胡（刘少奇）、杨（尚昆）、彭（雪枫）、赵（尔陆）等计划”；“各师在地方上扩大之新兵，均集中办事处训练，有便利（即）分送各该师编队”。这样，彭雪枫在山西战局急剧转变形势下，除办事处、联络局原有工作外，又统管学兵队、供给处、兵站和炮兵团等工作，可谓身兼数职，十分繁忙。14日，学兵队随办事处由临汾迁驻汾西刘村镇，设在一个祠堂里，从此便开始了紧张而丰富的学习与训练生活。

彭雪枫到刘村镇后，即遵照中共中央的指示，将八路军驻山西办事处改为八路军驻临汾办事处。为加强办事处的思想政治建设，彭雪枫又在办事处设立了政治处，由汤平任主任。学兵大队则由原来的2个男生队和1个女生队，扩编为5个男生队和2个女生队，总共有600余人。学兵队一半以上都是大学以上文化程度，因是一个短期训练抗日青年军事干部的学校，他们结业后大多数要去当游击队的领导人，所以一律军事编制，身着军装。学兵大队还建立起了中国共产党总支部，各区队也都

建立起了党支部。

临汾学兵队是一所“抗大”式的学校，除了丰富的政治、军事课外，还有多种多样的文化娱乐生活。政治形势课与军事课的比例为 4:6。彭雪枫除了负责对学兵队的日常管理和教学事务外，还亲自主讲“游击战术”。另外，八路军的 3 个师的师长林彪、贺龙、刘伯承等从前线回来时，都为学兵队讲过课；刘少奇、杨尚昆等为学兵队讲过政治形势课，李公朴、贺绿汀、吕骥、欧阳山尊等来到山西前线的学者、艺术家，也为学兵队讲过课。

为使学员们能更好地掌握游击战争的政治工作原则，12 月 9 日，彭雪枫还将以前在山西大学演讲的《游击队政治工作》一文重新进行修改和补充，易名为《游击队政治工作教程》印刷出版，让学兵队的学员们学习参考。后来，《游击队政治工作教程》一书还在八路军、新四军中广泛流传。

彭雪枫在刘村镇有声有色的学兵队训练，也吸引了国内不少进步人士来到这里，如刚从国民党监狱里出来的“七君子”之一的李公朴、著名音乐家贺绿汀、作家刘白羽都来到刘村镇八路军办事处。

贺绿汀在与彭雪枫的交往中，彭雪枫身上那种敏捷干练的军人气质给他留下了深刻的印象，尤其是彭雪枫那温文尔雅的知识分子风范更让他赞叹不已。为了更多地了解八路军和游击战士在抗战中战斗成长的事迹，他还在彭雪枫和张震等人陪同下，前往八路军炮兵团进行访问。当他了解到八路军、游击队原无炮兵，八路军现在的炮兵团的这些炮也都是从日本鬼子和国民党手中缴获的时，他的脑海里顿时闪现出创作的灵感来。后来，贺绿汀创作出广为传唱的《游击队之歌》：

我们都是神枪手，每一颗子弹消灭一个敌人。
我们都是飞行军，哪怕那山高水又深……
没有枪没有炮，敌人给我们造……
我们就和他拼到底。

在刘村的小油灯下，贺绿汀将《游击队之歌》的歌词谱好曲后，就教学兵队的演剧队演唱，并在刘村镇的一个广场上成功地举办了首演。

后来，《游击队之歌》一直唱到了长城内外、黄河两岸、大江南北，唱遍了所有奋起抗战的地方，成为鼓舞中华民族英勇战斗、向着日本帝国主义发出怒吼的经典名曲。

1938 年 1 月 4 日上午，彭雪枫刚刚接待前来刘村镇参加学兵队的作家客人后，通讯员跑来向他报告，贺龙、萧克同志从晋西北前线回来了。

晚上 6 时，彭雪枫组织学兵队列队为从前线归来的贺龙和萧克举行欢迎仪式，彭雪枫讲完热情洋溢的欢迎词后，就由贺龙、萧克两位将军给学兵们作前线八路军将士英勇杀敌的报告。

翌日，彭雪枫与贺龙、萧克一起，前往洪洞县参加八路军总部召开的高级干部会议，聆听彭德怀传达 12 月刚刚召开的中共中央政治局会议精神。这次中央政治局会议根据抗战形势的发展对今后抗战作出了新的战略部署。而这个新的战略部署，则影响和决定了彭雪枫下一步的工作安排。

原来，随着日本侵略军攻陷南京等地的形势变化，中原地带开展游击战争迫在眉睫，那里若没有“一批军事干部，工作发展将陷入极大困难”。所以，毛泽东急电彭雪枫，要他“立即前往河南，重点利用其与西北军的关系，到豫西开展工作”。当时，中共河南省委已划归长江局领导。彭雪枫接电后，即于1月下旬动身赴武汉，向长江局报到，从此走上中原抗战的新征程。

争取夏团卫竹沟

1938年2月，日军大举进攻，国民党数十万大军纷纷南撤，中原地区形势严峻。为了开展华中抗战，中共中央命令彭雪枫率原八路军驻晋办事处60余名干部来到河南省确山县竹沟镇，加强中共河南省委工作。3月中旬，彭雪枫任中共河南省委军事部部长，并以八路军总部少将参谋处处长名义，同中共河南省委组织部部长林凯一起，代表中共河南省委，全面主持竹沟工作。

为了贯彻中共河南省委提出的“为准备10万武装而斗争”的积极发展方针，彭雪枫一方面帮助整编新四军第4支队8团，准备开赴皖东抗日前线；一方面参加筹划豫东敌后抗战工作，培训抗日军政干部，发展抗日武装。彭雪枫在竹沟举办了两期军政教导队，主要招收爱国青年学生，共培训干部约 1000 人，每学期 3 个月。彭雪枫亲自给学员讲解游击战争的战略战术，检阅学员列队操练，主持学员思想汇报会，勉励学员不辜负党和人民的期望，为抗日民族解放战争贡献自己的青春。这些学员毕业后，大多成长为新四军和豫皖苏边区抗日的骨干力量。3 月，彭雪枫、王国华、张震等商议，通过解决活动于泌（阳）确（山）唐（河）3 县边境的惯匪安（永祥）段（可祥）两团，扩大人民武装，改善装备。彭雪枫决定智取：以留守处名义邀请他们来确山竹沟参观，晚上双方放下武器联欢，由彭雪枫出面宴请安、段等首领。那天宴席和演出正在高潮，张震按预定计划指挥行动，生擒了安、段，解除了两团 1000 余人的武装并实行改编，派周启帮为政委，通过深入细致的工作，把这支土匪部队改造成为革命的武装。

竹沟抗日民族统一战线工作的顺利展开，豫南中共党组织的巩固和发展，引起了当地国民党顽固派的极端仇视。从竹沟留守处成立的那天起，他们一直采取造谣中伤、寻衅滋事等手段加以破坏。特别是竹沟、石磙河一带的9个土豪劣绅于造谣生事之外，又四处“告状”，并且一告就告到蒋委员长面前。于是，蒋介石便于1938年5月上旬电令信阳警备司令、第32师师长王修身对竹沟进行“彻查”。

王修身接到蒋介石的电令，立即派第188团团长夏华国率部开赴竹沟，前来武装解决。这时，周恩来通过内线获悉蒋介石的指令，立即着令武汉八路军办事处通知彭雪枫。

彭雪枫一接到通知，马上召开豫南特委和竹沟留守处领导干部紧急会议研究对策。会上，意见不统一，有的主张兵来将挡，自卫反击；有的主张退而避之，走为上策。而彭雪枫则认为，“我们光明正大，问心无愧，沉着地坚持抗日民族统一战线。首先派同志向夏华国解释不白之冤，争取他的转变”。因此，我们“不打也不跑”。经过会议研究，大家一致赞同彭雪枫的意见，于是确定了“搞好统战，争取夏团，保住竹沟”的斗争方针。

当夏团从桐柏出发，途经毛集向竹沟疾进时，彭雪枫却派留守处民运股股长兼中共竹沟中心区委书记娄光琦带领一个警卫班，代表他前往毛集迎接，一观察动向，二做解释工作。娄光琦在毛集见到夏华国，说明来意，并告既“要检查竹沟，我们欢迎”，彭雪枫处长正在竹沟热情等待。夏华国听后很客气地说：“彭禹廷是我的老上司，彭雪枫是他老人家的贤侄，我一定要去拜望他！”

第二天上午，夏团官兵在娄光琦陪同下进入竹沟，受到留守处工作人员和竹沟各界群众敲锣打鼓，夹道欢迎。晚上夏华国首先拜望了彭雪枫。次日，彭雪枫回访了夏华国，他们共叙了西北军往事，引发了诸多感慨，遂产生思想感情上的共鸣。“夏华国在竹沟住了10天，明察暗访对我们有了正确的了解，把顽固分子、反动派、贪污土劣们的造谣阴谋揭穿了。双方感情融洽，真相得以上达，于是不久夏华国以任务完成，返回原防了。”

这样，这场竹沟风波，以新四军的胜利和顽固分子的失败而告终。其影响所及，不仅使竹沟周围由贪污土劣所鼓噪的“顽气”大为收敛，而且使竹沟的政治环境全然改观。这为新四军游击支队的创建奠定了良好基础。

东征创办《拂晓报》

1938年5月19日，日军占领徐州，豫东吃紧。中共中央发出《关于徐州失守后华中工作的指示》，要求华中各地党委动员城市大批学生、工人、革命知识分子和党员到农村去发动群众，组织游击队，开展抗日游击战争，建立抗日游击区。据此，中共河南省委立即将工作重心由一般救亡运动转变为武装抗日。6月14日，彭雪枫在《新华日报》上发表《目前在河南应该做些什么》一文，指出："形势这样危急，时机十分迫切，光是提笔，单靠开口，已经不够了，到我们动手的时候了！""中华民族复兴根据地的黄河流域，是我们消灭敌人的最好场所！失败送给敌人！胜利必为我们所有！"

9月2日，周恩来、叶剑英指示中共河南省委将工作重心移向豫东，创造苏皖边抗日的新局面，与八路军冀鲁豫部队沟通联系。中共河南省委据此决定，将彭雪枫等在竹沟创建的抗日武装 300 余人，整编为新四军游击支队，由彭雪枫任司令员兼政委，张震任参谋长，挺进豫东敌后，开展抗日游击战争。

这时，毛泽东电示彭雪枫："开封失守后，河南东部大片国土沦入敌手，现在应该趁日寇立足未稳、国民党仓皇撤退之机，火速东进，先行开展豫东敌后游击战争。"

9 月 30 日，新四军游击支队在竹沟举行东进誓师大会，彭雪枫、陈少敏在会上传达中共中央指示和中共河南省委决定，号召大家到敌人后方去，收复失地，拯救沦陷区广大人民，打击日本侵略者，为中华民族解放事业作出贡献。彭雪枫说："同志们、父老乡亲们、兄弟姐妹们，我们新四军是人民的子弟，为了保卫国家，我们到敌人后方去，一定要勇敢杀敌，多打胜仗，并以此来报答党和竹沟人民对我们的期望。"彭雪枫说到这里，台下瞬间响起了热烈的掌声。彭雪枫示意大家安静后又继续说:“同志们，我们就要东征了，新的挑战在等着我们，但我们也离胜利越来越近了。让我们挺起胸膛，大步向前，把小日本彻底赶回老家去！”彭雪枫顿了顿带领大家宣誓，“日寇犯境，大敌当前，我们新四军游击支队全体指战员，誓在中国共产党领导下，开赴前线，英勇杀敌。遵守三大纪律八项注意，团结友军，唤起民众，扩大武装，开展游击战争，不复失地，誓不生还。”新四军宣誓的声音响彻了竹沟的山山水水。

为了鼓舞东进士气，宣传群众，打击敌人，9月29日，彭雪枫倡议并具体组织在竹沟创办了《拂晓报》。

彭雪枫亲自为《拂晓报》题写了报名，为创刊号撰写了发刊词《拂晓报——我们的良友》。其中写道:“拂晓代表着朝气、希望、革命、勇敢、进取、迈进、有为，胜利就来的意思。军人们在拂晓要出发，要进攻敌人了。志士们在拂晓要奋起，要闻鸡起舞了。拂晓催我们斗争，拂晓引来了光明。”

当时，新四军一无饷源，二无后勤供应，生活艰难，物质条件非常艰苦。彭雪枫发动大家群策群

力，弄到2支铁笔、2块钢板、2筒油墨、1把油刷、1块木板和半筒蜡纸，就动手办起了报纸。

创刊后的《拂晓报》和新四军游击支队一起，在彭雪枫领导下，第二天即随军出征，向豫东抗日前线挺进。支队政治部宣传科科长王子龙兼任《拂晓报》社社长，主编乐于泓，笔名阿乐，编辑易河与单斐。彭雪枫亲自主持报社工作。报纸的许多重要评论，他亲自撰写，一些重要的稿件他都亲自审核处理。只要有空，彭雪枫就来报社和大家一起工作。他或批阅稿子，或校对，或指导印刷，什么都干。报社的同志校对时，通常是两人合作，一个人念原稿，另一个人看蜡版。看蜡版比较费力，特别是在摇晃的微弱灯光下，看久了会眼花，容易发生差错。可是他每次帮着校对时，总是要看蜡版，经他校对的稿子，从来没有出过错误。

为办好《拂晓报》，彭雪枫倾注了大量心血。为了解决报纸的印刷问题，彭雪枫曾亲自往返40多公里，到涡阳县给报社购置油印机。在极其困难的环境中，他千方百计地搜集敌后的一切油印报，作为不断改进提高的借鉴和参考。在东冲西杀的征程里,《拂晓报》社一行人根据工作分工，随身携带着自己的武器：负责编辑的背着钢板、铁笔、蜡纸和稿件；负责印刷的挑着油印机和油墨。纸张书籍由一头牲口驮着，后来牲口精减掉了，变成了一副担子。白天，部队打仗，报社人员找个比较隐蔽的地方铺开摊子编报，部队转移，大家收拾起来就走。夜晚，要是遇上不行军的时候，就是印报纸的最好时机。

用心血浇灌，必能迎来丰硕成果。《拂晓报》越办越好，越办越活。什么艰难、困苦只不过是对《拂晓报》的磨炼，使它在枪林弹雨中彰显风姿，影响日渐扩大。它的发行量，由创刊时的几百份，一年后便增加到3600份；由最初的用草纸印刷逐渐改为毛边纸、红绿油光纸和白板纸印刷；报纸的编排刻印技术也都有了很大的提高。

在短短几个月里,《拂晓报》就成了豫皖苏边区这片荒芜的“沙漠中的甘泉，饿乡里的食粮，指引方向的罗盘，照耀通衢的灯塔”，“决定和指挥着战斗的策略路线”，“鼓舞和团结着英勇的战士”，“激励和吸收着成千成万的广大群众”，“它的威力赛得过千军万马”。

连战连胜用奇兵

1938年10月，彭雪枫率领新四军游击支队，在河南省西华县杜岗与抗日先遣大队和豫东游击第3支队胜利会师。会师后，部队进行合编，仍用新四军游击支队番号，彭雪枫任司令员兼政委，吴芝圃任副司令员，张震任参谋长，萧望东任政治部主任，下辖3个大队。10月24日，彭雪枫率领部队东渡新黄河挺进豫东敌后。10月25日，游击支队以夜行军通过淮（阳）太（康）公路，次日一早到达淮阳东北的窦楼及其附近地区宿营。

窦楼是淮阳东北的偏僻农村，位于淮阳、太康和鹿邑三县接合部。自淮阳沦陷后，这里日军横行、奸匪猖獗，老百姓饱受蹂躏。队伍一进村里，数月来未见过抗日军队的沦陷区人民，无不兴高采烈。可是，当地的地主汉奸却对长途跋涉而来的新四军恨之入骨。窦楼东 1.5 公里处有个双庙刘村，村里有个为非作歹的大地主刘老歪，听家丁说窦楼一带住进了新四军，害怕被捉拿，他想自己无论如何都对付不了新四军，便想到让日军来对付新四军这条毒计。刘老歪立刻派人悄悄溜出村，到戴集日伪据点告了密。

戴集驻有日军第 14 骑兵巡逻队，队长林津少尉，是个杀人不眨眼的魔王。林津得知新四军游击支队来到窦楼后，第二天一大早就带着骑兵队奔袭窦楼。

彭雪枫当机立断，镇定沉着地指挥部队就地展开，从 3 个方向对敌人包抄过去。

“敌人这次来袭，我军已有准备，它不可能得逞！”彭雪枫给大家打气道，并说，“敌人看上去凶恶，但没有什么了不起，这次我众敌寡，我们一定可以打败他！”战士们在彭雪枫司令员的鼓舞下，快速完成了对日军的包围并占据了有利地形。当日军进入伏击区后，彭雪枫一声令下，指战员一齐开火，打得日军措手不及，晕头转向。

见林津手执指挥刀，哇里哇啦地指挥日军射

击，彭雪枫来到神枪手吴守训的身旁，对他说：“看到那个舞指挥刀的了吗？干掉他！”得到指令，吴守训举枪瞄准，“叭”的一声枪响，那个日军指挥官应声倒地。敌人见指挥官毙命，顿时乱作一团。

全歼敌人的时机已到，彭雪枫一跃而起，挥起短枪往敌人的阵地上一指，高喊：“同志们，冲啊，不要放跑一个敌人！”

彭雪枫的话音刚落，冲锋号响起，埋伏的战士全都一跃而起，口中高喊着“冲啊杀啊！”向敌人的阵地扑去。

日军丧失首领，失去指挥，见三面被围，将成瓮中之鳖，在我战士的冲击喊杀中，唯恐被活捉，纷纷后撤，一逃进小树林，便慌忙解下战马跨上去，策马逃窜。

这次战斗只用了半个小时，击毙日军林津少尉以下数十人。窦楼一仗，是游击支队开赴敌后的第一仗，规模虽然不大，意义却不小。这是开封失守后，在豫东广大原野上对横行的日军的第一次惩罚，振奋了部队士气，鼓舞了豫东人民的抗日斗志。部队继续东进时，沿途受到百姓的结队欢迎，并有许多青壮年参加部队，走上抗日前线。

10月30日，游击支队到达鹿邑县的刘大庄，在这里做了短期休整，建立了党支部，发展了新党员，对指战员进行政治教育。通过统战工作，又得到鹿邑县县长魏凤楼的物资帮助，使部队装备一新，实力大大加强。11月下旬，彭雪枫率领支队由施营出发，开始进行纵横睢（县）杞（县）的新远征，来到睢（县）杞（县）太（康）交界的砖角楼宿营，并召开群众大会，做抗日宣传鼓动工作。日军得到消息后，调集商丘、太康、睢县、宁陵等处军队，乘汽车89辆，坦克7辆，附一部分骑兵及数百伪军，气势汹汹地向砖角楼扑来，企图合击新四军。但是，当日伪军赶到时，游击支队已离开砖角楼一天半了。彭雪枫根据豫东平原的地形特点，指挥游击支队灵活运用游击战术，在睢县、杞县、柘城、太康一带，乘日伪军不备，声东击西，主动灵活地打击日伪军。彭雪枫在《斗争一年》一文中写道："从鹿邑北出柘太睢杞侧敌行军，穿插封锁，几乎无日不在战斗与行动中，围绕着柘太商睢的敌人，来往于汉奸土匪多如牛毛的地面，我们唯一的决心是‘打’。日以继夜，夜以继日……战士们不愧为‘地上的空军’，神出鬼没，给敌人以无限的苦恼，铁流终于泰然自若地满载胜利而归了！”

1938年年底，彭雪枫率领部队到豫皖边境的白马驿休整了10天。彭雪枫每天早晨都和指战员们一起出操，检查、纠正训练动作。在他一丝不苟的严格要求下，部队战斗素质迅速提高。这时候，中共中央又从延安派来近百名干部到白马驿参加游击支队的工作，杞县的地方武装也来到白马驿参加新四军。随着兵员扩充，游击支队把部队整编为两个团，第1团团长张太生，政委李耀；第2团团长滕海清，政委谭友林。

1939年元旦过后，彭雪枫率领游击支队由白马驿东进，开辟商（丘）亳（县）永（城）地区。可疯狂的日军在佐佐木带领下占领了鹿邑县城，正对亳州虎视眈眈！

彭雪枫把滕海清叫来，对他说：“现在形势紧迫，日军的动作不小，伪军气焰嚣张。我们准备来一次突袭行动，给敌人当头一棒！”

滕海清站起来大声说："请司令员指示，2团保证完成任务！"

彭雪枫说："我命令你团向亳县方向挺进，进驻亳县。敌人的进攻企图很明显就是攻占亳州，很快就会打到那儿。到时我们再根据敌情出其不意，予敌以致命一击，使敌人进犯的企图毁灭！"

1月8日，歼敌机会来到。根据情报得知，日伪军一部沿商亳公路南犯，并分路合击亳县。伪支队长崔华山率500人为前驱占领亳县城东北13公里处的芦家庙，并与另一路伪军袁天柱预定于10日两面夹攻亳县县城！

彭雪枫、张震研究决定先发制人，乘崔华山部立足未稳之机，给予歼灭性打击。彭雪枫果断地下达作战命令，并要求滕海清联合驻亳北的两支国民党军配合作战；行动中要果断勇敢，不给敌人以喘息之机，这一仗要打出我新四军游击支队的军威。

入夜，第2团2营战士吃过饭，在滕海清、谭友林率领下从王牌坊向芦家庙奔去。23时30分，各连进入战斗位置。

芦家庙内一片漆黑宁静！只有村口一盏萤火般

的马灯挂在墙上，灯下哨兵蜷缩在墙角抽烟，枪支放在一边寂寥地横躺着。

滕海清下达了作战命令，全营发起猛烈攻击，敌之一部稀里糊涂地在睡梦中乖乖做了俘虏。突然芦家庙一角枪声大作，原来敌另一部准备负隅顽抗！滕海清、谭友林命各连实施穿插，各个包围。但这些狗急跳墙的伪军们生怕被擒后新四军和他们算总账，还固守房屋，持续向外射击。2营战士悄悄地爬上屋顶，扒开一个口子，把手榴弹撂进去，炸响后火光冲天而起，伪军再没有了声息，还活着的被吓晕了头，乖乖地举手投降，伪支队长崔华山也被乱枪击毙。

两个小时战斗胜利结束。毙其200余人，俘虏300多人，缴获轻机枪11挺，步马枪400余支。

崔华山部被歼的消息传出，另一部伪军袁天柱部连夜逃窜，日伪军进犯亳州的计划破产。彭雪枫和新四军游击支队设伏窦楼、夜袭芦家庙，连战连胜、予敌重创，声威大振，人民群众拍手称快。

艰苦卓绝反顽敌

1940年2月1日，新四军游击支队奉命正式改编为新四军第6支队，彭雪枫任司令员兼政委，共辖15个团、1.78万人。至此，第6支队已成为一支强大的游击兵团。3月18日，彭雪枫兼任抗大四分校校长，勉励学员立志做一个“政治的军事家，军事的政治家”。5月4日，毛泽东在为中共中央起草的给东南局的指示中，充分肯定豫皖苏边区初期的反顽斗争，认为“彭雪枫支队在淮北的坚决斗争”，“是绝对必要和绝对正确的”。6月，南下的八路军第2纵队（司令员杨得志、政委黄克诚）一部与彭雪枫领导的第6支队会师新兴集，加强了豫皖苏边的军事力量。7月初，经中央军委批准，八路军第2纵队的第344旅、新编第2旅主力与新四军第6支队主力合编为八路军第4纵队，辖4个旅、1个保安司令部，彭雪枫任司令员，黄克诚任政委。8月，淮北津浦铁路以西的部队重新整编为八路军第4纵队，彭雪枫任司令员兼政委。10月19日，国民政府军事委员会正、副参谋总长何应钦、白崇禧发出“皓电”，成为第二次“反共”高潮的起点。豫皖苏边的顽军一面加紧军事进逼，侵占涡阳、蒙城、怀远等地，一面利用其将领王连重（萧县人）等的乡土关系，分化瓦解永、萧、宿地方武装。12月12日，国民党顽固派乘彭雪枫等率第4纵队主力进军淮上，后方空虚之机，策动留守豫皖苏边区的保安司令耿蕴斋、第6旅第17团团长刘子仁、第18团团长吴信容等率部叛变，占据豫皖苏边中心区域永（城）夏（邑）萧（县）砀（山），使边区局势迅速逆转。

1941年1月初“皖南事变”发生后，蒋介石调30万国民党军向华中进攻，妄图占据苏北和鲁南，把华中的新四军和八路军赶到黄河以北。这一次，顽固派把进攻的主要矛头指向豫皖苏根据地，投入进攻的兵力，除原在豫东、皖北的第12军、骑兵第2军、骑兵第8师等非嫡系部队外，又从豫西调来了国民党嫡系汤恩伯指挥的第31集团军充当骨干。顽军总兵力达9个师，约为第4纵队的7倍，气势汹汹，妄图围歼第4纵队主力，占领豫皖苏边区。1月20日，中央军委发布重建新四军军部的命令。2月26日，中央军委发布命令，将活动于陇海路以南、长江南北地区的新四军八路军统一编为新四军7个师又1个独立旅。八路军第4纵队奉命改编为新四军第4师，彭雪枫任师长兼政委，后邓子恢任政委，张震任参谋长。

正当国民党军队即将对豫皖苏根据地发动进攻时，日军于1月25日突然发动豫南战役，在平汉铁路以东对汤恩伯集团形成一个包围圈。汤恩伯集团采取避免正面作战，主动机动转移，侧击日军的方式避敌不战，豫东、皖北大片国土迅即沦陷。根据这一形势变化，中共中央、华中局和新四军军部多次指示彭雪枫相机向西发展，援助友军，保卫中原。彭雪枫率第4师主力渡过涡河，迅速推进至新黄河以东的江口集、王市集、张村铺一线。正在这时，日军因合击计划落空，侧背受到中国军队攻击，后方交通受到威胁而结束豫南战役，于2月1日开始回撤。隐蔽在新黄河以西地区的国民党军以9个师、14万余人的兵力向彭雪枫部进逼。2月10日，国民党军兵分3路向彭雪枫所部发动进攻。由于战局突然变化，第4师兵力分散，来不及调整部署，只好仓促应战。2月11日，彭雪枫一面致函国民党第92军军长李仙洲，申明抗战大义，呼吁团结对敌；一面紧急调整部署应战。在长达3个月的反顽斗争中，彭雪枫率领第4师指战员英勇奋战，给顽军以沉重打击，但由于众寡悬殊，且正值春荒季节，军需民食均很困难，加之对于顽军反攻估计不够等因素，以致步步被动，遭受很大损失。

至4月下旬，第4师活动范围已十分狭小，处境更加困难。4月30日，经中共中央军委批准，第4师军政委员会由5人组成，彭雪枫为书记。5月3日，彭雪枫电告中共中央、中共中央华中局和新四军军部，要求将师直属队及第12旅转移到津浦路东进行休整，第11旅3个团留在津浦路西原地坚持斗争。同日，刘少奇、陈毅等电复彭雪枫，同意第4师师直及所部转移。5月5日，彭雪枫等率部转移到津浦路东。为了及时总结路西

3 个月反顽斗争的经验教训，彭雪枫先后于 5 月 18 日和 6 月 1 日两次召开第 4 师参谋会议，张震在会上作了《三个月来反顽斗争在军事上的初步总结与今后任务》的报告；彭雪枫在会上作了《三个月来军事斗争检讨与今后战术改进问题》的报告，肯定了成绩，总结了经验教训。7 月 19 日，根据中共中央华中局的指示，在邓子恢主持下，第 4 师在淮宝县仁和集召开团以上干部会议。会上，彭雪枫代表军政委员会作专题报告，总结与检查了第 4 师“部队建设”“政治工作”“党的工作”“地方武装”“伪军组织政策”“群众工作”“反顽斗争”和“干部政策和领导方式”等 8 个方面工作的成败得失和 3 个月反顽斗争中的经验教训，开展了批评与自我批评。会议肯定了彭雪枫 3 年来领导开辟豫皖苏根据地和发展抗日武装的成绩，总结了路西各方面工作的经验教训。会后，彭雪枫接连写信、著文、作报告，主动将自己的缺点错误讲给领导、部下和群众听，“好使人家了解我们在路西奋斗中的经验教训”。陈毅后来在《追忆彭雪枫同志》一文中写道：“雪枫同志此时在修养上有极大的进步，其特点是勇于自我批判，努力虚心学习……他敢于揭露自己，批判自己，这种勇猛精进的革命精神，正是我们同志们应向他学习的，连我自己在内。”

06 将星陨落八里庄

枫林之美

彭雪枫是军中美男子，英俊潇洒，才华横溢，谈吐高雅，曾引来无数妙龄女子的爱慕，但均被他婉言谢绝了。

1941年8月的一天，淮北苏皖边区党委书记刘子久、行署主任刘瑞龙二人满面春风地来找彭雪枫。刘子久一进门既兴奋又神秘地说："司令员，今儿我俩来可是有重大使命的。"

"噢！一阵香风吹来二刘，那一定是喜气盈门喽！有你们俩同时出面，到哪儿也不辱使命。"彭雪枫正在研究整训计划，见二刘进来，笑呵呵地站起来打趣儿。

“我们是来做月老牵红线的，保准会成全一对好姻缘。”刘瑞龙笑吟吟地说。

彭雪枫更高兴了，说：“好哇，说吧，绣球抛向了我们的哪一员大将，我愿助一臂之力成人之美。”

刘瑞龙笑着说：“谁？还能有谁？全军儒雅俊逸，潇洒脱俗，气度非凡的美男子，此人远在天边，近在眼前！”

彭雪枫不由得笑问：“我？”

刘子久说：“这个媒，男才女貌，保准能行。女方虽没有沉鱼落雁之容，羞花闭月之貌，却有革命战士的无尽豪情。她思想进步，工作积极能干，就是我们淮宝县妇女部部长林颖同志。说起来你们还算‘隆中友人’呢！”

刘瑞龙接着说：“林颖同志的党性坚定、品格高洁、才能出众、性格豪爽，她是我们妇女干部的佼佼者。”

林颖？彭雪枫的心弦被猛地拨了一下。她在 1939 年 11 月初到达豫皖边区做地方工作，彭雪枫第一次见到她就深深地烙在了脑海里。她清秀的脸庞透着敏捷干练，灵动的双眸闪烁着坚定和智慧，甜甜的笑靥显得温柔贤惠，这真是一个美丽可人的女子。可是，边区建设的各项事业千头万绪，戎马倥偬的彭雪枫也没有把自己的事放在心上。匈奴未灭，何以为家呢?

彭雪枫回答道:“不知道人家愿意不愿意? ”

刘瑞龙说:“你都同意了，人家还有什么问题? ”

刘瑞龙暗自得意，决定趁热打铁。

这天，林颖来行署开完会后正打算返回时，被刘瑞龙叫住了。

林颖以为刘主任找她谈工作，不料刘瑞龙却问她道:“小林，你认不认识彭雪枫，对他印象如何? ”

刘瑞龙话音刚落，林颖就不假思索地回答道:“印象不错! ”

接着，林颖像汇报工作一样列出了几条优点:“一是待人真诚、亲切；二是对老乡、战士平等、尊重，没有干部架子；三是有文才，有水平，作报告从不念稿子，记录下来一看，就是一篇好文章。”

林颖接着还想说老百姓对彭雪枫的评价，却被刘瑞龙打断了："林颖同志，我可向彭师长介绍了你呀！"

林颖一听愣住了，一缕红晕爬上了她的脸颊。她想：自己心里的秘密是怎么让刘主任发现的呢？

其实，林颖早就偷偷地爱上彭雪枫了。

1939年9月，林颖刚刚跨进豫皖苏根据地的那天晚上，同其他立志投身抗日洪流的热血青年们一道，受到了彭雪枫的热情款待。席间，彭雪枫兴致勃勃地同青年们握手，并询问了每个人的名字。林颖见彭雪枫器宇轩昂，仪表堂堂，一下子就被他深深地吸引住了。

但两人一个在津浦路西的豫皖苏根据地，一个在津浦路东的淮北地区，林颖从来没有想到会与彭雪枫结为革命伴侣。

现在，有人来撮合，这让林颖有些激动。惊喜之余，她又有些犹豫了："我投奔根据地是为了抗日，如果嫁给彭师长，生儿育女，不就没有自己的工作、事业和追求了吗？"

想到这里，她谈出了自己的想法，并对刘瑞龙说:“刘主任，我还不太了解彭师长，等我们接触一段，看看彼此感觉能否一致再说吧？”

林颖表明了自己的态度，刘瑞龙不再说什么，他得找彭雪枫谈谈。

刘瑞龙向彭雪枫列举了林颖的种种优点，同时又把林颖的一席话转述了一遍。

彭雪枫听了之后，喜出望外。他被林颖自主自立的个性深深打动，感到林颖就是自己多年要追求和渴望得到的终身伴侣。于是，他鼓起勇气给林颖写了第一封信:“由于子久、瑞龙两同志的美意，使我们得有通信的机会……既然是终身大事，必然要格外慎重，正因为如此，我已经慎重了 10 年了。”

林颖没有辜负彭雪枫的一片热情，第二天便给彭雪枫回了信，表达了对他的仰慕之情。

1941 年 9 月 24 日，前线指挥员纷纷赶回后方参加师长的婚礼。彭雪枫用自己的津贴和稿费买了糖果、香烟，招待这些前来闹洞房的战友们。

林颖是个要强的女人，婚后第三天便回到自己的工作岗位，她不愿做依附在大树上的青藤。

彭雪枫送了一程又一程，依依不舍。

婚后，彭雪枫和林颖难得见上几面，大部分时间还是以鸿雁来传递感情。从 1941 年 9 月到 1944 年 7 月，彭雪枫写给林颖的信有 80 余封，新中国成立后被编为《彭雪枫家书》出版，受到广大读者的喜爱。

挥师西进

彭雪枫率领第 4 师主力到路东后，和邓子恢一起，继续领导淮北苏皖边的抗日斗争。先后取得了程道口战役、朱家岗战斗等胜利，有力打击了国民党顽军，粉碎了日伪军对苏皖边区的“扫荡”。

1943 年 3 月，彭雪枫奉命指挥第 4 师主力，在第 2 师、第 3 师各一部的配合下，对盘踞山子头地区之韩德勤顽军展开自卫反击。战斗从午夜开始，拂晓告捷，消灭了全部敌人，俘韩德勤以下官兵 1000 余人。这一胜利，迫使已进入津浦路东的王仲廉部仓皇回窜，从而粉碎了顽军东进计划，铲除了国民党留置在华中根据地的“反共”堡垒，使蒋介石精心策划的“第二个皖南事变”的阴谋彻底破产。

1944 年夏，日军发动豫湘桂战役，首先进攻河南。汤恩伯部不战而溃，平汉路两侧尽陷日军之手。为了打击日军的气焰，建立华北、华中、陕北三区的战略联系，中共中央确定了向河南敌后发展、控制中原战略要地的部署。6 月 23 日，刘少奇、陈毅自延安致电张云逸、饶漱石、李先念、郑位三，要求第 4 师之一部越过津浦路，可西进至安徽涡阳、蒙城、阜阳、颍上等地。7 月 25 日，中共中央又作出了向河南敌后进军的具体部署，决定除太岳、第 5 师派部向豫西、豫南发展外，第 4 师抽 5 个团进入永城、夏邑、宿县地区建立阵地，打通与睢（县）杞（县）太（康）的联系，并相机控制新黄河以东之地区，同时要求第 4 师西进部队应配置百名以上地方干部统归彭雪枫等率领，加以集训，然后向西开进。

接到中共中央和新四军军部命令后，彭雪枫的心情十分激动。自1941年5月撤到津浦路东后，他始终念念不忘豫皖苏边区人民，早就决心打回路西，“为死难的战友和人民报仇！”这一时机终于到来了。因此，彭雪枫按照中共中央和新四军军部的有关指示，积极做好宣传动员、补充兵员装备、抽调地方干部等准备工作。8月15日，新四军第4师在半城召开西征誓师大会，彭雪枫向西征部队作了战前动员，要求全体指战员响应党的号召，打回路西去，收复失地，挽救民族危亡！会后，遂带领部队踏上西进征程。

8月20日晚，彭雪枫率西征部队跨过津浦路。盘踞在萧县小朱庄一带的顽军苏北挺进军第40纵队王传绶部企图阻彭部西进。彭雪枫率领西进部队对王传绶部发动猛攻，经3小时激战，大获全胜，击毙王传绶以下300余人，俘1300余人。8月23日，彭雪枫等联名发布《国民革命军陆军新编第四军第4师司令部政治部布告》和《敬告豫皖苏边区父老兄弟姊妹书》，向豫皖苏边区人民表达了思念之情，并号召边区人民要迅速动员起来，建立自己的武装，组织自己的团体，以求保家、保

乡、保国，巩固后方，援助前线。

小朱庄首战告捷，极大地鼓舞了指战员的斗志。西征部队以秋风扫落叶之势，击溃顽军第 1 纵队，争取该部第 1 支队起义，粉碎日伪 2000 余兵力的跟踪“扫荡”，连克黄庄、菊集、马庄等日伪据点，迅速恢复了萧（县）永（城）宿（县）的抗日局面。广大群众欢欣鼓舞，热情欢迎子弟兵归来，纷纷向亲人诉说 3 年来备受日伪蹂躏、压迫之苦。9 月 1 日，从永城来了 20 多位老人请求看望彭雪枫。他们老泪纵横地对彭雪枫说：“我们的灾难受够了，连命都不是我们的，什么都是窦娥（永城的伪军头子）的，什么都干出了。现在我们什么都不要，就是要你们去，要你们去把他们打走，俺的什么指望都在你们身上！俺卖孩子都要弄白面给你们吃，快去吧，什么都准备好了。”

人民的苦难，人民盼望子弟兵解救他们出苦海的愿望，使彭雪枫和所有在场的指战员热泪盈眶。彭雪枫向老人们坚定地表示：“咱们是你们的队伍，这次你们既然来调我们，我们一定去，请各位放心！”

当彭雪枫率领第4师主力挺进宿永边时，一路上有群众暗中插上的路标引路，准确的情报及时送到指挥部来。在群众的大力支持下，9月5日，第4师乘胜摧毁了刘子仁、刘瑞岐、耿继勋结成的所谓“路西防线”，为继续西进扫除了障碍。

恢复萧永宿地区后，彭雪枫立即抓紧进行一系列巩固根据地的工作：大力恢复地方政权，发动群众，建立地方武装，实行减租减息，废除苛捐杂税；广泛团结各阶层人士，扩大抗日民族统一战线，召开各界代表会议，听取意见，并吸收他们的代表人物参加工作；改造起义的第3支队，授予它萧县独立旅的番号，尽量争取其他顽军抗日；对顽固分子进行分化瓦解，集中打击其中最反动的，对那些没有现行破坏活动的一律不予追究。这样一来，迅速扩大了共产党新四军的政治影响，安定了人心，调动了广大人民群众的积极性，团结了中间势力，并争取了一部分敌对分子转向人民方面。到9月上旬，已恢复3个县15个区的政权，建立了1000余人的地方武装，初步巩固了这块根据地。

泽被长淮

第4师主力西征的节节胜利，引起顽固派的惊恐，国民党顽固派汤恩伯集团企图“联伪剿共”，路西的局势发生急剧变动。他们趁第4师西征部队立足未稳，调集优势兵力，于1944年9月中旬向萧永地区发动进攻。彭雪枫率领第4师主力，在第3师、第1师一部及八路军冀鲁豫军区部队的有力配合下，胜利地进行了反顽战斗。9月10日，中央军委向华中局、八路军前方总指挥部等发出《关于击破国民党三路夹击计划的指示》，要求必须在连续不断的战斗胜利中，完全巩固新黄河以东地区的发展；同时，授予彭雪枫以“统一指挥”的重任。

同日，为争取先机消除后顾之忧，以扩大和巩固萧永宿根据地，彭雪枫与参谋长张震、政治部主任吴芝圃研究决定于11日进攻八里庄，歼灭李光明部。11日凌晨2时，彭雪枫指挥第4师主力乘夜包围了八里庄的4个据点。拂晓时分，发起攻击，一个冲锋就拿下了八里庄的大圩子；接着又突破了八里庄西南角李光明家的坚固小围子，李光明部的第3营营长黄尊德带500余人主动反正；北面小张庄约一个营的伪军，也全部投诚。残顽逃窜，第4师骑兵乘胜追击。驻太平集的伪军300余人前来增援，遭坚决阻击，不得前进。第4师取得了八里庄歼灭战的辉煌胜利，此役俘李光明以下1000余人，毙伤200余人，缴获机枪11挺，长枪1000余支，弹药2万余发。太平集据点的伪军随即仓皇撤退。

1944年9月11日早上6时20分许，彭雪枫站在八里庄的南门大圩子城墙上，指挥这场即将胜利结束的战斗。这时，警卫员刘书芳正要拉他从城墙上下来，就听到“嗖”的一声冷枪，彭雪枫身子摇晃了一下，突然倾倒了！警卫员以为他没站稳，抢前一步扶住彭雪枫，只见他脸色发白，目光却依然如炬，在坚毅地注视着胜利的战场，眨眼间，瞳孔的光芒消失了……

张震、吴芝圃和警卫员连忙把彭雪枫师长抬下围墙，大家很快在他的左心房找到了一个像小刺扎破的伤痕。原来是子弹击中了他的左心房。卫生员赶紧给彭雪枫打了一剂强心针，但一切都太晚了。吴芝圃抱着彭雪枫还有余温的身体，泪流满面地说:“师长，我知道你没事，你别吓唬我们啊，你快醒醒啊。”但任凭他们怎么呼喊，彭雪枫再也没有睁开双眼。此时，一轮红日冉冉升起，喜欢“拂晓”意境的彭雪枫，在抗日战争即将迎来全面胜利的时候停止了呼吸，不幸壮烈殉国，年仅 37 岁。

当天，张震、吴芝圃以万分悲痛的心情向中共中央华中局发急电报告彭雪枫殉国的噩耗，并代表第 4 师西征部队表示誓歼顽敌，完成师长彭雪枫未尽的遗志。

彭雪枫牺牲以后，为了不影响部队的士气，也为了保护身怀六甲的彭雪枫妻子林颖，师领导请示新四军党委后，决定暂缓公布彭雪枫牺牲的消息，直到 1945 年 1 月 24 日，才公布于世。

1945 年 2 月 2 日，中共中央办公厅和八路军总司令部在《解放日报》上联合发出启事：新四军第4师师长彭雪枫同志，1944年9月间阵亡淮北前线。雪枫同志早年献身革命，备尝艰险。抗战后组织人民武装，于豫皖苏一带驱逐强敌，解放人民，创建淮北抗日民主解放区，功在国家。噩耗传来，同声哀悼！

2月2日，7000多名淮北军民从停在濉河上的大木船上，将彭雪枫灵柩迎接到原驻地大王庄，并于2月4日到6日举行了公祭。2月7日，在洪泽湖畔的泗洪县半城镇大王庄，淮北各界1.6万余人参加了彭雪枫的追悼大会和安葬仪式。在追悼会上，军民齐声呼唤师长，声震淮北。从半城到大王庄2公里的路边上，群众自发地摆了128处祭桌。每个祭桌上都放着一炉香、一碗水和一面镜子，表示颂扬彭雪枫为官清如水、明如镜。

2月7日，毛泽东、朱德、刘少奇、彭德怀等率延安各界代表1000余人，在延安中央大礼堂沉痛追悼彭雪枫。中央大礼堂门口挂着中国共产党中央委员会的挽联："为民族，为群众，二十年奋斗出生入死，功垂祖国；打日本、打汉奸，千百万同胞自由平等，泽被长淮。"毛泽东、朱德、刘少奇、彭德怀和陈毅等也都致了挽词。彭雪枫遗像下，左侧是毛泽东题写的挽词：

雪枫同志在与敌人斗争中牺牲了，全民族和全党都悲痛这个损失。为了补偿这个损失，应该学习雪枫同志的英勇精神，更加努力扩大解放区，扩大八路军、新四军，促成联合政府和联合统帅部，使日本侵略者在有效的联合打击下早日消灭，使独立民主的新中国早日实现。

右侧是朱德题写的挽词：

雪枫同志在中国人民抗日救国的前线上，身先士卒，英勇牺牲，这是雪枫同志个人的无上光荣，也是中国共产党、八路军、新四军和中国人民的无上光荣。我全军指战员将永远纪念他的牺牲，坚决为他复仇，打倒日本帝国主义，消灭法西斯，解放中国。

陈毅写下诗句："淮北哀音至，灯前意黯然。

生平供忆想，终夜不成眠。”“荣哀何尽有，万众泪滂沱。”反映了对彭雪枫的深切悼念。

张爱萍谱写的《彭雪枫同志挽歌》，概括了彭雪枫战斗一生的英雄业绩，表达了军队、人民继承烈士遗志，为全中国的彻底解放而斗争的坚强意志：

二十年来，为了人民，为了党，你留下的功绩辉煌：首战长沙城，八角亭光荣负伤；乐安事变，荣获红星章。雪山草地，百炼成钢。在豫东，燃起抗日烽火；在淮北，粉碎敌寇“扫荡”。对党忠贞，为民赴汤；英勇善战，机智顽强，是我们的榜样。雪枫同志，你把最后一滴血，献给了人民献给了党。多年同患难，长别在战场。我们一定为你报仇，完成你的事业，争取全中国的解放！

07 尾　声

彭雪枫追求真理，信念坚定，始终对党无比忠诚，直至战斗到生命的最后一息；他具有杰出的领导指挥才能，在中央苏区历次反“围剿”斗争中，率部打了许多硬仗、恶仗、胜仗；他坚持原则，机智灵活，贯彻党的抗日民族统一战线政策坚决认真，宣传我党抗日救国主张，积极开展统战工作；他勤于学习，善于总结，在军事理论的研究探索方面颇有建树，提出了许多精辟的论述和独到的见解；他严于律己，心系群众，是全心全意为人民服务的楷模；他把党的事业和人民的利益看得高于一切、重于一切，保持了党员领导干部的高风亮节。彭雪枫同志在长期的革命生涯中，不畏艰难，英勇奋斗，为中国人民和中华民族的解放事业建立了不朽功勋。

1945年1月5日，中共淮北区委作出《关于追悼彭故师长雪枫同志的决定》，号召全边区人民团结起来，百倍奋斗，踏着彭雪枫的血迹前进，为彭雪枫复仇。2月1日，中共中央华中局、新四军政治部作出《关于纪念彭雪枫同志的决定》，决定将永城县更名为“雪枫县”；将抗大四分校更名为“雪枫军政大学”；将彭雪枫一生光荣奋斗事迹写成传略公布全军，作为战士教材。

1945年5月12日，中共淮北区党委和行署决定，在彭雪枫墓地修建“淮北烈士陵园”。陵园中，铸造彭雪枫师长半身铜像一座，镌刻着彭师长及淮北抗日阵亡烈士英名录的石碑13块，还有淮北解放区阵亡将士纪念塔等建筑物。纪念塔高8米，塔顶有新四军战士铜像一尊。战士铜像身高5米，一手持枪，一手指向东北方向，表示一定要把日寇赶出中国。陵园的大门上，为李一氓题写的匾额和对联。对联是：半壁河山留战绩，两淮风雨慰忠魂。

1946年夏，《拂晓报》出至1000期后，根据中共中央决定，改名为《雪枫报》，以纪念牺牲的彭雪枫同志。

在国民党反动派发动全面内战后，原第4师与兄弟部队已分别整编为华中野战军第2、第9纵队开赴前线作战。1946年11月下旬，边区党政机关撤离半城地区。国民党反动派在侵占半城后，穷凶极恶地破坏彭雪枫的陵墓，竟至扒墓劈棺，抛散遗骨，焚亭毁碑，惨不忍睹。1947年3月4日，解放军淮北挺进支队重返淮北，解放半城，惩办了毁陵扒墓的主犯和杀害收藏雪枫遗骨壮士的凶手。1949年1月，原第4师参谋长、时任华东野战军副参谋长的张震由淮海前线凯旋半城，凭吊彭雪枫陵墓，指示拨粮5万公斤，修复陵园。始将雪枫遗骨由高咀迎回半城，重新入殓，改葬塔北新墓地，墓前新立“彭故师长雪枫同志革命史略”石碑一通，并改淮北烈士陵园为“雪枫公园”。后几经易名，1978年，又易名为“雪枫墓园”。

1959年5月1日，中共宿县地委在宿县烈士陵园落成彭雪枫全身汉白玉雕像一尊。像基正面中央刻有吴芝圃、张震撰写的《彭故师长雪枫同志史略》。1986年，园内兴建宫殿式“彭雪枫纪念馆”一座，馆正厅陈列彭雪枫珍贵历史照片80余幅。

1984年9月9日，彭雪枫母校北京市第26中学（原汇文中学），举行彭雪枫烈士雕像落成典礼，雕像座石的正前方，镶嵌着张爱萍手书的“彭雪枫同志永垂不朽”的题词。

1985年9月3日，郑州烈士陵园雪枫亭落成，郑州市各界千余人参加揭幕式。

1985年10月15日，河南省夏邑县八里庄彭雪枫将军纪念馆落成。迎着纪念馆大门，卧形纪念碑上横刻着“彭雪枫同志壮烈殉国处”10个大字，背后刻有《彭雪枫同志革命事略》的碑文，纪念碑后，矗立着彭雪枫将军半身塑像，纪念馆由纪念碑、塑像、陈列室、殉难处和遗体停放处组成。

1988年11月6日，经中共中央批准兴建的河南省镇平县彭雪枫纪念馆正式开馆。馆的正门广场中央建有彭雪枫将军青铜雕像一尊，内设八角形瞻仰厅1个、陈列室4个，陈列彭雪枫遗物16

件，展出照片 300 余幅，以大事年表形式，生动再现了彭雪枫将军光辉战斗的一生。

各地的彭雪枫将军陵园、纪念馆，已成为人们缅怀、纪念、学习革命优良传统的好课堂，使人们受到深刻教育，帮助一代一代青少年茁壮成长。它们不仅成为重要的革命文物保护单位，有的还被国务院民政部或省市授予“爱国主义教育基地”。

1988 年 10 月，中央军委确定 33 人为“军事家”，彭雪枫名列其中。

1997 年 8 月 16 日，江泽民为即将举行的《彭雪枫军事文选》暨此前出版的《彭雪枫将军》画册座谈会题词：文武兼备一代英才，功垂祖国泽被长淮。

2009 年，为纪念中华人民共和国成立 60 周年，中宣部等多个单位联合举办“100 位为新中国成立作出突出贡献的英雄模范人物和 100 位新中国成立以来感动中国人物”评选活动，彭雪枫被评为“100 位为新中国成立作出突出贡献的英雄模范人物”。

2014 年 9 月 3 日，习近平总书记在纪念中国人民抗日战争暨世界反法西斯战争胜利69周年座谈会上的讲话中指出，彭雪枫等一批抗日将领，就是中国人民不畏强暴、以身殉国的杰出代表。

后记

彭雪枫短暂而光辉的一生，表现了一名共产党员为民族、为人民忠贞不渝的革命精神和崇高的思想品德。他光明磊落，不畏艰苦，克己为人，廉洁奉公，爱护军队，爱护人民，深受人民的爱戴。他刻苦好学，文武兼备，机智顽强，是我党卓越的军事家之一。他不朽的业绩将永垂青史，他光辉的形象永远矗立在人们心中。

为中国人民谋幸福，为中华民族谋复兴，是中国共产党人的初心和使命，是激励一代代中国共产党人前赴后继、英勇奋斗的根本动力。记住先烈，最重要的就是不忘初心，继续高举起这面革命的旗帜向前走。唯有不忘初心，方可告慰历史，告慰前辈。

本书是在前人研究成果的基础上，从彭雪枫平凡而伟大的一生中选取的最具代表性的英雄事迹，结合中国革命发展历程和英雄烈士的人生经历，在充分尊重史实的前提下，编写成这本故事汇，力求用一系列精彩感人的英雄故事传递一种伟大的精神。在编写过程中，得到军事科学院军队政治工作研究院领导、机关的大力支持，赵一平、邓礼峰、张明金、康月田、李博、陈政举、潘宏、褚银、周小宁等多位军史专家进行了审读，提出了宝贵的意见。

主要参考的书籍和资料有：当代中国人物传记丛书《彭雪枫传》(《彭雪枫传》编写组著/当代中国出版社)，中国人民解放军高级将领传《彭雪枫》(张留学、郭德欣编著/解放军出版社)，《中国工农红军第一方面军史》(中国工农红军第一方面军史编审委员会编著/解放军出版社)，《新四军战史》(新四军战史编审委员会编著/解放军出版社)，《彭雪枫将军——永不飘落的红叶》(欧阳华著/当代中国出版社)，《一代名将彭雪枫传奇故事》(苏克勤、郑德强、王立才著/河南人民出版社)，《将道——彭雪枫将军的戎马一生》(侯玉强著/中国青年出版社),《彭雪枫将军家书》(武继羽编注/湖北长江出版集团长江文艺出版社),《抗日英雄小故事系列——彭雪枫》(李婧编著/团结出版社),100位为新中国成立作出突出贡献的英雄模范人物《彭雪枫》(于元编著/吉林文史出版社)。

在此,谨向关心和帮助本书编写工作的各位领导、专家学者,以及上述书目作者、编辑致以最诚挚的谢意!

图书在版编目（CIP）数据

彭雪枫/军事科学院解放军党史军史研究中心编著. -- 北京：学习出版社，2020.9

（中华先烈人物故事汇）

ISBN 978-7-5147-0991-9

Ⅰ. ①彭… Ⅱ. ①军… Ⅲ. ①彭雪枫（1907-1944）—传记 Ⅳ. ① K825.2

中国版本图书馆 CIP 数据核字（2020）第 149814 号

彭雪枫

PENG XUEFENG

军事科学院解放军党史军史研究中心

责任编辑：李　岩　　封面绘画：刘书移
技术编辑：胡　啸　　内文插图：韩新维
美术编辑：杨　洪

出版发行：学习出版社
北京市东城区崇外大街11号新成文化大厦B座11层（100062）
010-66063020　010-66061634　010-66061646

网　　址：http://www.xuexiph.cn
经　　销：新华书店
印　　刷：北京盛通印刷股份有限公司

开　　本：787毫米×1092毫米　1/32
印　　张：5.125
字　　数：73千字
版次印次：2020年9月第1版　2020年9月第1次印刷

书　　号：ISBN 978-7-5147-0991-9
定　　价：20.00元